成为一个受欢迎的人,
从会说话开始

Jul.

1小时就懂的沟通课

成为一个受欢迎的人，从会说话开始

李尚龙 著

北京联合出版公司
Beijing United Publishing Co.,Ltd.

图书在版编目（CIP）数据

1小时就懂的沟通课 / 李尚龙著. — 北京：北京联合出版公司, 2020.11
ISBN 978-7-5596-4610-1

Ⅰ.①1… Ⅱ.①李… Ⅲ.①心理交往－语言艺术－通俗读物 Ⅳ.①C912.13-49

中国版本图书馆CIP数据核字（2020）第191292号

1小时就懂的沟通课

作　　者：李尚龙
出 品 人：赵红仕
责任编辑：牛炜征

北京联合出版公司出版
（北京市西城区德外大街83号楼9层　100088）
北京盛通印刷股份有限公司印刷　新华书店经销
字数170千字　880毫米×1230毫米　1/32　8.75印张
2020年11月第1版　2020年11月第1次印刷
ISBN 978-7-5596-4610-1
定价：48.00元

版权所有，侵权必究
未经许可，不得以任何方式复制或抄袭本书部分或全部内容
本书若有质量问题，请与本公司图书销售中心联系调换。电话：（010）82069336

目录 CONTENTS

PART 1　语言和思维

/002　语言的魅力
/006　语言决定我们的思维

PART 2　高效能沟通，消除人际焦虑

/014　不要用暴力沟通彼此伤害
/029　夫妻间如何减少矛盾有效沟通
/041　异性间的沟通法则
/053　朋友间该怎样对话
/063　父母如何与孩子沟通
/074　内向者如何沟涌

PART 3　升级你的职场沟通能力

/090　如何跟同事有效交流
/101　向上管理与沟通
/109　如何和下属沟通
/116　怎样要求升职加薪和辞职
/126　如何进行有效社交
/136　如何成为一个谈判高手

PART 4　成为生活中的沟通高手

/154　聪明人的沟通方法
/162　学会有效提问
/172　当别人向你问问题时
/182　用幽默化解你的烦恼
/193　如何做一场高效演讲
/202　多一种语言，多一种思维方式

PART 5 讲故事是每个人必备的能力

/212 为什么要学会讲故事
/219 如何讲好一个故事
/227 怎样写好一个故事

PART 6 当你面对冲突时，应该怎么办

/242 如何解决正面冲突
/251 学会道歉是一种能力
/257 怎么处理关键对话

/269 结语：语言的未来

PART 1

语言和思维

有时候,我们说过的话,很可能会影响我们的一生。

仔细想想,当我们在遇到一件事时,随即不假思索的反应和表现出来的语言体系是什么?

这些语言时常说着说着,就进入了我们的潜意识。而潜意识如果深入到意识中去,就很可能影响我们的命运。

语言的魅力

语言是很有魅力的，尤其是我们中国的语言。这些年，我遇到过很多在美国待了几年的中国人，他们的英语基本上可以无障碍交流。但很多来到中国快十年的外国人，讲出来的中文还是相当蹩脚，甚至有些外国人来中国很久了，还在纠结于类似"前门到了，请从后门下车"这句话到底是从前门还是从后门下车。他们跟中国的女孩子谈恋爱，完全看不懂"我想我是时候跟你说再见了"到底是想再见他，还是不想再见他。

一句话有好几层含义，这并不是中文的特例，其实仔细观察，英文中也有很多这样的例子。我也问过很多学日语、意大利语、法语的朋友，其实每种语言，都有这种俏皮的话。

中国人语言体系的特别之处还在于，你不仅要听对方说的话，还要明白对方的音调和态度。所以很多人聊微信时如果不加表情，很容易吵起来。有时候一句"呵呵"就会让两个人的冲突瞬间爆发。因为许多话不仅要考虑这句话本身，还要去猜测它背后的意思，才能真正理解。这就跟其他国家的语言很不一样。

此外,中国人的表达比较含蓄。外国人大多喜欢直接表达,比如他们在路上看见一个很好看的姑娘,会直接说"你很漂亮",但在中国的街头,如果你跟一个姑娘说"你很漂亮",她多半会把你当流氓。外国人早上起来,亲人之间都会说"I love you",中国人完全说不出口。

沟通是一门艺术,更是一门心理学,很多时候我们只是在沟里,却没有让心相通,这样误会就来了。

虽然能说出一句话有两个意思的句子很帅,但好的沟通,原则上最好不要有歧义,最好能直接表明观点。我读过孙路弘先生的《说话的力量》,里面讲过一个故事。

家用电脑刚刚走进中国时,许多人对电脑还一窍不通,有一次,一位用户打来电话,说他上不了网了,问是怎么回事。这时客服按照规定需要先重复一下对方的问题:"您是说,您家里的电脑上不了网了是吗?"

用户有些崩溃,因为他很着急。其实客服在这个时候,往往没有必要重复对方的问题,这是一种效率低的表现。

接着客服继续问:"您看一下您的'猫',有什么问题吗?"

用户说:"你怎么知道我家有猫?我家猫好着呢,就在窗台上呢。"

那个时候,许多人还不知道"猫"其实指的是路由器。

客服说:"您桌面上有一个'我的电脑'图标,看见了吗?"

用户说:"对,我桌面上是有一台电脑。"

客服说:"您桌面上还有一个开始键。"

用户说:"我桌面上没有开始键啊,就只有一台电脑啊!"

这时用户已经彻底崩溃了,我想客服一定更崩溃。但好在,客服通过解释,化解了这次沟通危机。

在职场、家庭和朋友圈里,如果能一句话只表达一个意思,交流会简单得多。

网上有个说法,当女孩子说"不要"的时候其实是想要。我不同意这样的论断,这样看似能帮助直男了解女生,却往往会带来更大的误解,但生活中确实有很多人总是言不由衷,甚至是说一套、想一套、做一套。所以,我在上课的时候,经常跟学生说,你要想了解一个人,千万不要看他怎么说,要看他怎么想和怎么做,因为语言具有欺骗性。我们的语言进化到了今天,虽然已经过了几百万年,但依旧有很多词和句子没有进化完整。我曾组织过很多次读书会,为了测验大家对同一本书的理解,我鼓励大家做笔记,并把笔记放在网上供大家一起讨论和分享。结果好玩的事情发生了,明明大家读的是一本书,讲出来的东西竟然都不一样。就比如他们在读《你只是看起来很努力》时,他们有些人说这本书在讲理想,有些人说在讲爱情，还有些人说在讲和父母的关系，还有人告诉我，这本书的作者真帅，跟我一样……

但本质上，每个人讲的都是和自己有关联的事情。

这就是大脑给我们带来的误区，我们每个人看到的东西和想表达的完全不一样。同时，语言也有自己的限制，因为直到今天，我们还没有办法表达出一些特有的内容和感情。

著名的进化心理学家罗宾·邓巴就在《梳毛、八卦及语言的进化》里说过，"语言"只能维持150人的社交关系。也就是说，当一个社群中超过150个人，你的话便没办法做到群体效应。这就是邓巴数字。邓巴这一理论提出了好多年，直到今天依旧没有过时。如今，微信、邮件、手机都已经如此普及，但我们通过语言维系的社交关系还是只有150人。

技术改变了，邓巴数字却没变，我们还是没办法和150人同时沟通点什么并确保不被误解。所以才有人说，被误解是表达者的宿命。

语言的魅力还在于，它甚至可以从外到内地影响和改变人的生活，比如《三傻大闹宝莱坞》里的兰彻，他在遇到困难和麻烦时，第一反应是默念"all is well"（一切都好），实验表明，当一个人学会了一种正向的表达方式时，他更有可能通过自我暗示有所突破，这就是我们说的"口乃心之门户"。换句话说，当一群人对一件事情都很乐观，而你刚好也在这群人中时，你的乐观也会随之而来。

语言决定我们的思维

语言能否影响思维？

不知道你是否还记得"望梅止渴"的故事，它出自《三国演义》。曹操带领的部队找不到水源，士兵们十分口渴，影响了行军进度。为了振奋士兵的精神，曹操谎称前方有一片梅林，结出的梅子又甜又酸，可以解渴，并把这件事在军中传播开来。很多士兵听后流出了口水，精神也为之一振，于是部队加快行军，很快就找到了水源。

我并不想再给大家解释"画大饼"多么有用，我是在跟大家分享：语言岂止影响人的思维，甚至可以影响人的身体。只不过是简单的一句话，便能让口渴的士兵流出了口水，还影响了他们的精神状态，语言就是有这样的"魔力"。

我们也都有过深夜跟朋友聊烧烤、烩面、火锅，忽然流口水的经历，尽管我们什么都没吃。

《小王子》的作者，法国作家圣-埃克苏佩里说："一个人可以通过思考将一堆乱石变成一座宏伟的宫殿。"而语言是思维的载体，换句话说，那一块块石头就是我们的语言。

如果一个人整天都在正能量的语言体系中，他不可能是一个持续悲观的人，所以一个成天数落老公的女人，她老公的失败自己也一定要负一些责任。语言，是我们生命的福音或诅咒。在不同的语言环境下，人能表现出的状态肯定不同。

不同语言的差别比我们想象的还要大。

雪在因纽特人的生活中特别重要，因此他们会用十几个单词描述不同状态的雪。而对我们中国人来说，就只有"雪"这一个词。因为因纽特人在生活中整天都跟雪打交道。

新几内亚高地的丹尼人的语言中只有两个有关颜色的词："黑"和"白"，而霍皮人（北美印第安部落）的语言里没有任何词、语法形式、结构或者表达方式用以直接表明我们所说的"时间"。

在英文中，你找不到任何一个英文单词和"孝顺"对应。

这些缺乏的语言，直接或者间接地影响着人们的思维。

英国作家乔治·奥威尔的名作《1984》中，专制政权为了控制人民的思想、消除政治异端，推行了一种全新的语言——"新话"。这种语言虽然建立在英语的基础上，但是在那个专制的世界里，像"justice"（正义）、"science"（科学）、"religion"（宗教）等词都被取消了。而"free"（自由）一词虽然被保留了下来，但只能表示"没有""免费"的意思。在"新话"发明者看来，思想是依存在语言上的，也就是说，如果语言中没有了"自由"一词，人们的思想也就没有了"自由"的概念，也就不会去反抗专制统治了。

所以，久而久之，上一代人会离开，下一代人会长大，在这个新语言环境中长大的人，就不太可能去反政府了，因为他们思想的载体——语言丢掉了。

我们中国人经常喜欢说，口乃心之门户。这句话说得很对。我在武汉读书的时候，身边有一群武汉同学特别喜欢说一句话："那又模样列？"（那又怎么样呢？）这句话的气势表达出种种不屑，就像无论你取得什么成绩，在他看来都不过如此。后来，那些把这句话当成口头禅的同学，在毕业时都没有取得好成绩。

有时候，我们说过的话，很可能会影响我们的一生。仔细想想，当我们在遇到一件事时，随即不假思索的反应和表现出来的语言体系是什么？

我们嘲笑祥林嫂开口闭口地说："我真傻，真的。"可我们难道不是吗？我们有多少话语是没经过大脑就说了出来的？这些语言时常说着说着就进入了我们的潜意识。而潜意识如果深入到意识中去，就很可能影响我们的命运。

有位心理学家说：语言不仅仅会影响我们的思维，它还会决定我们的思维，最后决定我们的文化。

这个假说，就是心理语言学上著名的萨丕尔-沃尔夫假说。

美国人萨丕尔及其弟子沃尔夫甚至还提出，所有高层次的思维都依赖于语言。

萨丕尔-沃尔夫假说有两个主要观点：

第一，语言决定论。语言决定论的核心思想是：语言决定了我们对世界的认知，我们甚至可以通过控制语言来控制思维，而通过控制思维，你就可以控制行动。

第二，语言相对论。语言相对论指的是：不同的语言不能表示同一个社会的现实。

比如中国古代的青楼、镖局和科举就很难翻译成英语，而西方的美式咖啡、拿铁、卡布奇诺、菲力牛排我们也只能强行翻译成中文。一种语言背后是一种文化，你的英语再好，也没办法翻译出中国文化。

这就可以解释为什么殖民者占领一个地方，第一件事就是要从教育上磨灭被殖民者原有的语言，让他们学习新的语言。因为通过语言的殖民，就自然实现了思想的殖民、文化的殖民，最后彻底消灭了殖民地的传承。如果你看过电影《赛德克·巴莱》，你就会知道，为什么有些人就算拼了命，也要保住自己民族的语言。因为语言，也是这个族群文化的依托。

萨丕尔-沃尔夫假说在提出后，我的理解是这样的：语言的确会影响我们的思维，但是它不能完全地决定我们的思维，我们的思维也可能受到除语言之外的事情影响。至于是什么，可能是环境，可能是时代，也可能是基因……

所以我认为，语言、思维两者是交织在一起，互相影响、共同成长的。

对我们来说，努力用一些正能量的话去沟通、去阐述，并养成习惯，也是改变思维的一种方式。这些年，我们看到越来越多的人喜欢用社交工具交流，于是从社交工具的领域里诞生了很多网络用语，这些网络用语，原本在口语世界里是不存在的。比如：9012年了；咱也不知道，咱也不敢问……

这些词语的使用和流行，会使我们的未来有什么变化呢？是会禁锢我们的思想，还是会让我们看到更大的世界？

我们不知道，我们只能朝着未来，期待着曙光，当然，也不要让自己忘记那些曾经的话语。

PART 2

高效能沟通,消除人际焦虑

所谓的"有效社交",就是与他人进行高效而顺畅的沟通,并且能随时灵活应对和解决各种突发状况,顺利推进和落实你自己的要求和建议,从而为自己营造出更良好的社会关系。

不要用暴力沟通彼此伤害

人和人之间比没话说更可怕的，是带有攻击性的语言。我曾有段时间不知怎么了，只要在家里，就很容易跟爸妈吵架。后来问了身边的朋友才知道，他们也或多或少有过这样的经历：一言不合，就和父母吵了起来。这是因为两代人沟通时有代沟。

后来我又意识到，我的语言里充满着暴力因素。有本书在一定程度上帮助了我，就是《非暴力沟通》，我觉得无论是父母还是子女，都应该学会这本书中的沟通方式，学会不伤害别人。

非暴力沟通其实是一门很重要的学问，仔细观察身边的人，话语中总是夹杂着暴力沟通。

老公对老婆："就你事多，你到底能不能快点啊？"

老婆对老公："喝，喝，就知道喝，你喝死算了！"

老师对学生："这道题都能错，你怎么这么笨呢？"

上级对下级："你一天到晚迟到，你是懒癌吗？"

这些其实都属于暴力沟通。但凡是暴力沟通都会伤人，甚至会引起肢体冲突。更加遗憾的是，这种暴力沟通伤害的最多的往往是我们自己身边的亲人或者朋友。最爱我们的人，却被我们伤害得最深。

1984年，《非暴力沟通》的作者卢森堡博士成立了非暴力沟通中心，专门指导别人进行非暴力沟通。

什么是非暴力沟通呢？

非暴力沟通（NVC Nonviolent Communication），也被称作"爱的语言"，大家都知道早年甘地在印度发起的"非暴力不合作运动"，即不用暴力反抗，但绝对不服从，可以用暴力对待他们，但他们坚决不合作。非暴力沟通方式正是在印度圣雄甘地的理论基础上发明的。仔细想来，过去那段容易和家人发生矛盾的日子里，我的很多话，都是不经过大脑，想怎么说就怎么说的，所以很容易伤害到家人。转念一想，我的家人也同样是不经过大脑，想怎么说就怎么说我，这样看来，暴力沟通真的存在于每个角落。

非暴力沟通有什么好处呢？

举个例子：有一次，卢森堡被邀请去巴勒斯坦做一场演讲，大家知道，以色列和巴勒斯坦一直矛盾重重。他一上台，很多巴勒斯坦人就开始骂卢森堡，让他滚出巴勒斯坦，而他却不紧不慢，开始用非暴力沟通的方式跟台下的人交流起来。后来演讲结束，台下的巴勒斯坦人还邀请他去家里做客。所以，良好的沟通会产生巨大的能量，把暴力转化为爱。虽然做到很难，但可以明确的是，以暴制暴，只会滋生出更多的暴力。

我在写《刺》这本书的时候,看到一条新闻:2019年4月27日,一个赵姓社会青年在陕西米脂三中门口用长刀捅了放学的学生,造成9死10伤。

都是初二、初三的孩子,花儿一样美好的年华,就这样凋谢在歹徒的刀下。为什么会这样呢?因为赵姓社会青年过去也曾遭受校园暴力,他一直怀恨在心,所以才有了如此疯狂的行为。暴力滋长暴力,暴力只会让世界越来越糟。

最开始的暴力,基本都是语言的暴力。为什么好好的语言会演变成暴力行为呢?主要有四个原因:**道德评判、进行比较、回避责任和强人所难。**

可见,我们的语言是多么容易攻击别人。

一、道德评判

道德评判的表现就是喜欢给别人贴标签。有些人非常喜欢给别人贴标签,因为这样很简单地就可以把人分成三六九等。但其实乱给别人贴标签恰恰是对人最大的不尊敬。

比如你看到一个人衣服脏了,你说他是个不爱干净的人;你看到别人考研失利了,你说他是个失败者。

一贴标签就成了道德评判,这些话只要说出来,就一定会造成暴力攻击。这一刻，你的偏见也就产生了。所以，最好的方式是只说事儿，不要贴标签。这里要给大家推荐一本我写的小说《人设》，讲的正是标签是如何毁掉一个人的。人是极其复杂的，每个人都有很多面，怎么能被几个标签束缚呢？但标签就是这么残忍，它强行把人塞进了各种各样的套子里。所以，**人要多去描述事实，不要总是乱贴标签**。看到别人衣服脏了，你的表达就只是：你看你的衣服脏了；看到别人考研失败了，你应该说：你上次考试落榜了，咱们总结一下原因吧。

贴标签这样的道德评判，让你原本的关心变成了责怪，责怪又成了暴力。所以，在跟别人交流的时候，请一定问自己一个问题，我是不是开始道德评判了？

对于我们来说，平时交流就要养成一个习惯：不要总是评价别人，知人识人不评人，是个好习惯。某网站最多的一个问题就是如何评价×××。这个是很讨厌的问题，换位想想，你怎么评价自己？你可能会发现，你自己对自己的评价都不完全，凭什么让别人三言两语就把你评价了呢？这种沟通，一旦从网络上变成面对面的，冲突就出现了。

二、进行比较

我们的话语里，很容易找出攀比的痕迹，比如我们夸别人的时候会说，他真棒，我都没做到；我们批评别人的时候会说，他怎么能这样呢，我都不会这么做。如果我们始终不能平心静气地看待别人，也就不能和别人处于一个平等的关系。如果关系不平等，交流时一定是一个在上面，一个在下面，两个人就处于相互攀比的状态。

为什么参加同学会的时候，大家交流起来都特别累？因为许多同学本质上都不是为了交流，而是攀比。当然，我们不能管别人，如果一个人的话语里流露出跟你比较的态度，你要么别理他，要么让他看看这本书。但如果你经常流露出这种比较，那就要试着反省一下自己了。**比较可以是自己和自己的比较，不应该是自己和别人的攀比。**

三、回避责任

回避责任这一点，在家庭生活里尤为常见。

有一次，卢森堡在与家长和老师讨论回避责任所带来的危险这一话题时，一位女士气愤地说："但有些事，你确实不得不做，不管你是否喜欢！我认为，告诉孩子有些事他们也不得不做，并没有什么不对。"卢森堡很诧异，请她举例说明什么事是她"不得不"做的，她有点不屑地回答："这太容易了！今晚离开这里后，我不得不做饭。我讨厌做饭！我早就受够了！但二十年来，每天我都不得不回家做晚饭。即使有时累得像一条狗。"卢森堡告诉她，听到她长期做自己讨厌的事情，他很难过。他希望非暴力沟通能帮她找到解决办法。

三个星期后，她的两个儿子也参加了研讨班，这让卢森堡有机会了解他们是怎么看待母亲的行为的。大儿子叹道："我刚和自己说，感谢上帝！"看到卢森堡困惑的表情，他解释说："也许她终于可以不在吃饭时发牢骚了！"

孩子的态度竟然有些让卢森堡意外：你不做就不做，比起做饭，看见你发牢骚我更难受。

如果我们读过《高效能人士的七个习惯》，会知道成功的第一个重要习惯就是主动，所谓主动，就是要去承担自己的责任，而不是一味地推给别人。

比如有些老师发现自己不得不评级，还有些学生认为自己不得不考研，有些女士发现自己不得不做饭，这样的"不得不"的本质就是逃脱责任。

所以，正确的语言表达应该是这样的："我选择××，是因为我想……"

老师说，我选择评级，是因为我想保住工作。

学生说，我选择考研，是因为我想有更好的发展。

女士说，我选择做饭，是因为我希望孩子们吃上我做的饭。

这样，暴力沟通就会减少很多。

四、强人所难

强人所难是如何让交流变成暴力的呢？

有些句式时常出现在我们身边：你应该，你不应该，你必须……这些话一旦说出口，暴力就出现了。

很多中国家长喜欢把自己的意愿强加给孩子，于是不停地说：你应该这个时候学习，你不应该再玩 iPad……事实上，家长越强迫孩子做一些不喜欢的事情，就越容易变成暴力沟通。

其实暴力是无处不在的。有一本书叫《人性中的善良天使》，书里说，人类的历史就是一部暴力逐渐减少的历史，虽然现在暴力越来越少了，可直到今天，暴力依然留存在我们的基因里。

在卢森堡看来，一个眼神、一个手势、一个不经意间的表情，都可能会是引发暴力的罪魁祸首。所以，如果只是简单地掌握了一门说话技巧，那并不能让你的生活有所改变。换句话说，一个对世界充满恶意的人，看什么都不会顺眼，一个怀着这种仇恨心态的人，在生活中肯定是经常陷入暴力沟通的。但千万别忘了，如果你在被暴力威胁，还有一句话更重要：忍无可忍，无须再忍。

沟通只是一种表达的方式，当一个人总是陷入暴力冲突当中，问题的关键有可能不在于他说话的方式，而在于他对自己和这个世界的看法。

有时候人对自己的看法，也会引起暴力冲突。比如，你一直觉得自己是个工作比较细致的人，忽然有一天做错了一件事，你的第一反应肯定会非常自责，对自己产生暴力："我真是个废物，我真傻，我怎么连这个事儿都做不好？"

其实理性分析，没有人可以把工作做到万无一失，谁又能永远不犯错呢？但你一旦说自己傻，说自己是个废物，这个标签一贴，你对自己的看法就是冷酷的、苛刻的，重要的是暴力的。一个人总对自己这样，那么对朋友、下属也容易这样。很多对自己要求特别严格的人，往往容易造成两个结果，要么把自己逼疯，要么把别人逼疯。跟自己和解，接受自己的不完美，也是我们终生要学习的事情。

这里有个很重要的话题可以探讨，就是人性到底是本善还是本恶。我觉得两者都有，但这一切取决于你相信什么。在卢森堡博士看来，一切暴力行为的背后，其实都隐藏着"性本恶"的价值取向。如果你认为人的本性是丑陋的、可恶的，那么你自然会用相应的暴力方式去应对。这时你就会陷入暴力当中。但当你认为人的本性是善良的、积极的，那么你就会用相应的温柔的方式去应对，自然也会离暴力因素越来越远。你自己就是生命的镜子，你看到了微笑，是因为镜子前的你，正在微笑。

怎样对话才能避免暴力沟通呢？下面我要讲的是非暴力沟通的四要素。

我曾经参加过一次加拿大作家协会的交流活动，有一个哥们儿特别有意思，他的电脑屏幕上显示着英文的非暴力沟通的四要素，以此来提醒自己说话的时候一定注意。

我们先声明，这四条虽然简单，但改变却不是一朝一夕的，需要大量的时间修炼和训练。

这四个要素分别是：**观察、感受、需要和请求**。

1. 观察。

首先，我们一定要区分观察和评论。观察就是观察，从客观的角度。评论不一样，评论是从自己的角度，而且评论多半包含着批评。

非暴力沟通的第一个要素是观察。如果将观察和评论混为一谈，别人就会倾向于听到批评，并反驳我们。非暴力沟通是动态的语言，不主张绝对化的结论。它提倡在特定的时间和情境中进行观察，并清楚地描述观察结果。

例如，它会说"欧文在过去的 5 场比赛中没有进一个球"，而不是说"欧文是个差劲的前锋"。这需要长时间练习，我摘抄了《非暴力沟通》里的几个经典例子：

（1）"哥哥昨天无缘无故对我发脾气。""无缘无故"是评论，此外，我认为说哥哥发脾气了也是评论。他也可能只是感到害怕、悲伤或别的。

（2）"昨晚妹妹在看电视时啃指甲。"观察。

（3）"开会时，经理没有问我的意见。"观察。

（4）"我父亲是个好人。"我认为"好人"是评论。应该这样描述观察结果而不含任何评论:"在过去的 25 年中,父亲将他工资收入的十分之一捐给了慈善机构。"

(5)"迈克的工作时间太长了。"我认为"太长了"是评论。应该这样描述观察结果而不含任何评论:"本周迈克在办公室工作了 60 小时以上。"

(6)"亨利很霸道。"我认为"很霸道"是评论。应该这样描述观察结果而不含任何评论:"亨利在他姐姐换电视节目频道时,撞了她一下。"

(7)"本周彼得每天都排在最前面。"观察。

(8)"我儿子经常不刷牙。""经常"又是评论,应该这样描述观察结果而不含任何评论:"本周我儿子有两次没刷牙就上床睡觉了。"

请务必多去训练一下,观察和评论一定要分开,这样家庭生活会和睦很多。

2. 感受。

请把感受和想法区分开:感受是自己的情感流露,想法是自己对某事情的评价。

(1)想法。

我觉得我吉他弹得不好。

在这个句子中,我只评价了自己吉他弹得好不好,而没有表达感受。

（2）感受。

作为吉他手，我有些失落。

作为吉他手，我很郁闷。

作为吉他手，我烦透了。

有机会，要多去建立与自己感受有关的词汇表，比如开心、沮丧、悲伤、难过……而且要多去使用这些词，表达自己的感受。比如你老公总是回家很晚，你别总是骂他，应该表达你的感受：你总是12点才到家，我感觉自己很没有安全感、很孤独。

3. 需要。

所谓需要，就是先分辨出我需要的具体东西是什么。当我们向别人提出需求时，请清楚地告诉对方，我希望他们做什么——具体做什么。

如果我们请求他人不做什么，对方也许会感到困惑，不知道我们到底想要什么，所以要明确说明，希望他们做什么。

曾经有一位女士谈道："我请我先生少花一些时间在工作上。三个星期后，他和我说，他已经报名参加高尔夫球比赛了。"为什么会发生这样的事情呢？因为这位女士说出了她不想要什么——她不希望先生花太多的时间在工作上，但她竟然没有说清她想要什么。

其实她可以这么说：我希望你每周至少有一个晚上在家陪我和孩子；我希望你每天可以在12点前回来。

4. 请求。

简单来说，请求就是要请求反馈，这样才能确保对方准确理解我们的意思。有时，问一句"我的意思您清楚了吗"，然后，对方表个态就足够了。我们上课的时候特别喜欢问学生，你懂了吗？这样的请求反馈不好，应该问："我讲清楚了吗？"这样更亲切一些。

有一位老师和她的学生说："托尼，今天批改作业时没有看到你的作业本。我想知道，你是否清楚我上次布置的作业。放学时，来我办公室一下好吗？"托尼咕哝了一句："好，知道了。"然后，他就转过身去，准备离开了。这个时候，反馈很重要，老师叫住他："麻烦你说一遍我刚才请你做的事情好吗？"托尼回答说："放学后，我没法看足球赛了，因为你要把我留下来做作业。"

当对方给予反馈，请表达我们的感激。

如果对方不愿反馈，我们也应该去倾听他的感受和需要。

因为托尼很坦率地做出了反馈，这位老师先向托尼表达了她的谢意。她说："谢谢你给我反馈。我想我说得不够清楚，我的意思是，放学后，我给你讲讲我上次布置的作业。"

你看，这样很亲切的一段对话就成立了。

总结一下，观察、感受、需要和请求，这就是非常著名的非暴力沟通的四要素。

我们可以简单练习一下,比如我们看到一个同事把一份商业机密文件随手放在了会议室,你应该怎么说?你肯定十分生气,但请记住不要发火。很多同事和领导特别喜欢发火:你长不长记性?你这是要做什么?这样说没用,反而容易激化矛盾。

正确的非暴力沟通应该是这样的:

"刚才给你的重要文件我发现你没收起来,放在公共会议室了(观察),我担心不太安全(担心不安全——感受),还是请你注意妥善保存(需要),我的意思清楚了吗(请求)?"这一套下来,人和人的关系就平等了很多。

当然,请记住,非暴力沟通告诉你的永远不是不要表达你的愤怒。相反,你应该合理表达自己的愤怒,因为在这个互联网世界里,许多完全没有关系的人,都有机会相遇,尤其是有些人本来就是来伤害你的,这个时候,就要合理发泄自己的愤怒。

但切记,不要因为无知,就用言语伤害爱你的人。

最后,我们用鲁思·贝本梅尔的一首诗,来结束这一小讲:

我从未见过懒惰的人;

我见过

有个人有时在下午睡觉,

在雨天不出门，

但他不是个懒惰的人。

请在说我胡言乱语之前，

想一想，他是个懒惰的人，

还是他的行为被我们称为"懒惰"？

我从未见过愚蠢的孩子；

我见过有个孩子有时做的事我不理解，

或不按我的吩咐做事情；

他不是愚蠢的孩子。

请在你说他愚蠢之前，

想一想，他是个愚蠢的孩子，

还是他懂的事情与你不一样？

我使劲看了又看，

但从未看到厨师；

我看到有个人把食物调配在一起，

打起了火，

看着炒菜的炉子——

我看到这些但没有看到厨师。

告诉我，当你看的时候，

你看到的是厨师，

还是有个人做的事情被我们称为烹饪?

我们说有的人懒惰,

另一些人说他们与世无争,

我们说有的人愚蠢,

另一些人说他学习方法不一样。

因此,我得出结论,

如果不把事实和意见混为一谈,

我们将不再困惑。

因为你可能无所谓,

我也想说:这只是我的意见。

夫妻间如何减少矛盾有效沟通

你可能没读过约翰·格雷的畅销书《男人来自火星，女人来自金星》，但一定听过书名，不过我并不准备与你探讨男人和女人有哪些不同，强调他们不在一个世界里，我是要带着你走进一个更深层次的领域。如果他们就是处在一个世界里的——不是一个世界多半是不会结婚的——我们应该怎么处理与对方沟通的问题。

夫妻间的矛盾大多跟钱有关系，这就是"贫贱夫妻百事哀"的由来。所以对于普通夫妻来说，努力赚够钱矛盾就可以减少一大半，沟通也会变得顺畅。除此之外，还有一些沟通技巧也能改善彼此的关系。

约翰·戈特曼是美国华盛顿大学心理学教授，也是西雅图人际关系研究所所长。在戈特曼的爱情实验室里，进行了长达40年的婚姻关系研究，整个实验，有近700对夫妻共同参与。这段特别的经历让戈特曼对婚姻关系有了极其深刻的理解，戈特曼只要观察和聆听一对夫妻5分钟的谈话，便能预测出他们将来是否会离婚，预测准确率高达91%。我虽不知道这数据的真假,但我知道,许多时候,光从夫妻的谈话里,就能看出很多问题。比如,当老公在饭局里滔滔不绝时,老婆忽然说了一句:"是吗?"仅此两个字,就可以判断出两个人的关系很糟糕,因为当着外人,太太竟然表达出了鄙视。鄙视是夫妻对话中最忌讳的态度,有时候鄙视比外遇的杀伤力还要大,**许多无法挽回的破裂,本质都是因为互相鄙视或单向鄙视造成的**。所以,除了学会非暴力沟通之外,夫妻之间还要学会**互相尊重**。这一点十分重要。当代的夫妻关系,虽然不需要再举案齐眉,但至少要做到彼此尊重。尊重体现在很多地方,比如,在一方做完饭时,另一方至少应该说一声谢谢,而不是什么都不说。吃了一口说"咸了",想当然地觉得一方就应该伺候另一方,这都是不尊重的表现。

比夫妻间沟通更复杂的,应该是夫妻再加上孩子和双方父母的沟通。有一个经典案例是这样的:妻子听说公公婆婆周末要来,就在她最喜欢的西餐厅为全家订了周末晚宴。而谁也没想到,婆婆来了以后,坚持要在家里吃,因为她带来了儿子最爱吃的炖小牛腿,这是她亲手烹饪的。问题来了,这时候丈夫应该怎么选?他知道妻子害怕自己母亲的拜访,在婆婆的眼里,妻子虽然很可爱,但没什么能力,更不会做饭,在妻子眼里,婆婆善于烹调,可总是抢尽风头。丈夫在这一刻,如果决定在家吃,妻子必然会不高兴;如果决定出去吃,妈妈可能也不高兴。如果你是这位丈夫,此时此刻,会怎么办?

这个问题的困难程度一点不亚于"我和你妈掉进水里,你先救谁"。

但好在，约翰·戈特曼在《幸福的婚姻》一书里给了我们答案。

其实说来也怪，我们在使用任何新物品的时候，都会看一眼说明书，可是，为什么在结婚前，却从来不做功课、不读书，一拍脑袋就结了？这就导致这些年失败的婚姻比比皆是，我指的失败婚姻并不是离婚（因为离婚有时候也许是成功的），而是两个人明明可以交流，最后却放弃了或无法交流了。前些时候，许多地方迎来了离婚潮，民政局排起了很长的队。这背后的原因，我想很大程度都跟沟通有关。其实也可以理解，如果夫妻间常常以苛刻的语言开始一场谈话，谈话中经常会出现批评、鄙视、辩护、冷战，对配偶和婚姻有着很深的负面看法，在平时，忍受不了还可以转身出门，可是在疫情期间，出门就意味着有危险，那应该怎么办？于是，在疫情相对稳定时，婚姻的破裂就开始爆发了。

其实想要很好地沟通并不难，以下这四个方法，你可以试试。

一、激活你的赞美系统

2019 年，我加入了一个"夸夸群"。所谓夸夸群，就是在陌生的线上社交群里，无论你做什么、说什么，都会受到潮水般的夸赞，享受众星捧月般的感觉。比如你说你看不进去书，群里就会有人说："看不进去书是因为你的能力太强，所有的书本知识对你来说只是浮云。"我在那个群只待了一小段时间,感觉自己的压力就减少了很多。所以试想,如果一直跟你生活的另一半,每天都在夸你,你的生活质量能提高多少啊。

有个丈夫是工作狂,对家里的事不闻不问,每天回到家都是深夜,到了家就睡觉。而妻子全职带孩子做家务。久而久之,妻子的忍耐到了极限,只要丈夫回家,两个人就会爆发争吵,丈夫为躲避家庭,更不愿意回家了,只从工作中寻求快乐。时间长了,两人都觉得挺没意思的,也没什么话可以说,干脆就打算离婚了。

但是幸好,他们在离婚前决定试试婚姻咨询。

婚姻指导师做了一件事,逆转了这段快要崩溃的感情。他让他们谈谈早年的恋爱生活。

丈夫回忆说,当初为了让妻子和她的家人能接受自己,他经过了一番长时间的努力,还说了很多他们刚在一起时的事情。妻子从没听丈夫说过这些,令她更意外的是,为赢得她的芳心,丈夫曾经是那么用心和努力,她十分感动,妻子也夸丈夫那个时候是多么理解她,多么懂她。丈夫说,我现在不理解你、不懂你吗?就这样,两个人开始聊了起来。经过这次聊天,彼此的关系反而变好了。

谁也没想到,原本要崩溃的婚姻就这么被拯救了。

他们之所以重归于好,其实除了对彼此的赞美,还有一个原因,几乎所有夫妻的早期恋爱都很甜蜜,要不然,他们也不会决定结婚。爱是人世间最美好的事情,可惜的是,爱也会消失。但更幸运的是,爱还会被唤醒。

不久,丈夫对工作做了重新规划,有了更多的时间留在家里陪妻子和孩子,他们生活得很幸福。

根据约翰·戈特曼的理论,检验一对夫妻的赞美系统是否在起作用,最好的方法是观察他们如何看待他们的过去,通过回想、谈论过去,让那些被长期埋藏的积极情感浮出水面,唤醒逝去的爱情。

赞美是个好习惯,当夫妻关系变得疏远的时候,我们很容易只关注到对方的缺点和软肋,而往往在和对方分开后,才忽然意识到,原来对方也有这么多优点。可惜的是,那时已经晚了。破碎的感情,很难再挽回。其实在生活中,我们总觉得不用夸伴侣,毕竟已经是最亲近的人了,但恰恰相反,就因为这么近,所以更应该夸对方,给对方信心,就是给自己未来。

盖瑞·查普曼,美国著名的婚姻辅导专家,《爱的五种语言》的作者。他告诉我们,有一种沟通方式叫爱语,也就是用爱表达的语言,这样的语言如果长期存在于婚姻中,婚姻就是健康的。

怎样找到自己的主要爱语?有三种方式:首先,想一想你的另一半做过什么事或者不做什么事伤害你最深,跟这件事相反的,就可能隐藏着你的爱语;其次,回顾一下你最常请求你的另一半做什么,你最常请求的事,可能就是最能使你感觉到爱的事;最后,回忆下你通常以什么方式向你的另一半表示爱,你示爱的方式,也许显示了它会使你感觉到爱。

二、亲爱的，你说了算

不要小瞧这句话。这句话的含义很容易被隐藏，当这句话被说出口时，才表明是夫妻双方正在进行着有效的沟通：一方同意另一方的观点，一方在给另一方分享权力，一方在影响另一方。

实验表明，与那些抗拒妻子影响的男人相比，接受妻子影响的男人会拥有更幸福的婚姻，他们离婚的可能性也比较小。对于丈夫来说，一定要学会倾听妻子的话，和妻子共同做决定，尊重妻子。对于妻子来说，要平和地说话，不要吼，女性和男性相比，更容易感情失控，切记不要扯着嗓门讲道理，从在外给老公面子做起。在吵架前，女性一定先停顿两秒问自己一个问题："我是在跟他吵架，还是在跟我自己的情绪吵架？"想明白再沟通。当两个人把"我们"凌驾在"我"之上，对话就能顺畅很多。平等的对话不仅包括重要谈话，还有平时你一言我一语的闲话，同样能起到减压的作用。

比如：你爱我吗？你不爱我打你哦。

就是这些看起来没什么意义的对话，才能让两个人的感情更好。

有一种谈话的方式很有趣，叫作"减压谈话"。

比如，下班后和家人聚在一起，谈谈这一天是怎么过的，可以是鸡毛蒜皮，也可以是平平淡淡，只要开始谈论，压力就减少了，压力减少，感情也就自然巩固了。婚姻的长远健康一定是基于放松的家庭环境。

但请记住,可以谈论任何事情,除了婚姻本身。因为谈婚姻本身,并不能减轻压力,反而会让人陷入紧张的情绪中。

这里有个方法很管用,推荐给你。

第一步,夫妻两人轮流说。夫妻两人都是倾诉者,每个人都可以说,不限制,你一言我一语,积极听对方倾诉。

第二步,不要主动提供意见。当你帮助对方减压时,不需要提出解决办法,你只要做一个倾听者就行。这一点很重要,也是减压最有效的环节:很多时候,当一个人倾诉完,压力也就消失了。

第三步,要听得专注认真。认真听,不要心不在焉,更不要打断对方。

第四步,适当表达你的理解。让对方知道你同情他,比如:"我知道你为什么会有这样的感觉。"

第五步,站在对方的角度考虑问题。即使你认为对方的观点不太合理,你也要支持对方。

第六步,表达一致对外的态度。

如果对方感觉自己是在独立面对一些困难,就会感到孤立无援,从而启动自我保护模式,变得浑身紧张。你要坚定地告诉他,你们是一起的,要让对方知道你们是在共同面对这个问题。

举个例子:

妻子说,今天我们开了一个糟糕的会,我们组长总是怀疑我的能力，我恨死她啦。

丈夫说，我认为是你反应过度了，我见过你们组长，她很通情达理。

妻子说，这女人就是和我过不去。

丈夫说，都是你自己瞎想出来的，你真得改改这个坏毛病了。

妻子说，算了，我干吗要跟你说这些。

丈夫的每一句话都是在定义，在给妻子解决方案，但其实，妻子根本不需要这些东西。她需要的是，共情。许多时候，我们的孩子回到家跟爸妈说老师不好，也并不是需要我们去评判，而是需要我们理解他们。许多时候妻子提出的问题，也并不期待有个解决方案，只是希望你听着，不发表观点，如果一定要说，这样就很好：

妻子说，今天我们开了一个糟糕的会，我们组长总是怀疑我的能力，我恨死她啦。

丈夫说，你最近总是说你们组长，这人很烦吧。

妻子说，这女人就是和我过不去。

丈夫说，胆子真大，这两天忙完，我直接找她去！

妻子说，算了，不理她就是了。

这个对话之所以能好一些，是因为妻子总喜欢聊"关系"，妻了讲的所有的话，归根结底只有一句话：你爱我吗？而丈夫讲的所有的话，都是在解决问题。但妻子需要的往往不是解决问题，就好比妻子说："那件衣服真好看！"她并不是想让你买下来，她只是表达而已。所以，当男人说话时能多一些"我们"，少一些解决方案，对话就能和谐得多。

三、温和地提出问题

列夫·托尔斯泰说，已婚的人从对方那里获得快乐，仅仅是婚姻的开头，绝不是婚姻的全部意义，婚姻的全部意义蕴藏在家庭生活中。

那么，婚姻的全部意义一定包含着矛盾，有时候，这矛盾甚至会无处不在。我们应该怎么解决？

1. 用温和的方式提出问题。

提出问题本身就会令人不高兴，所以温和的态度就显得很有必要。而且要挑好时间，不要在对方情绪低落时指出对方的缺点，更不要在对方状态不好时希望对方做一些改变。

在生活里可以抱怨，但不能责备。如果可能，抱怨也要少一些，许多男人在进入老年期耳朵忽然就听不见了，就是因为女方的抱怨实在太多了。

说话时建议经常用"我"而不是以"你"开头，比如可以说："这些家务活都是我干，真累呀！"不能说："你真懒，从来都不干家务活。"说的时候，可以只描述事实，但切记之前我们分享的非暴力沟通，不要做评价和判断，比如可以说"我觉得我被忽视了"，而不是"你从来不关心我"。还记得吗？聊自己的感受，不做评判。

2. 妥协。

没有哪家夫妻是不需要妥协的，你想要吃火锅，她想要吃面条；你希望看电影，她希望看综艺节目；你想8点起床读书，她昨晚加班，想睡到10点……慢慢我们会理解，不管你是喜欢还是不喜欢，解决婚姻问题的唯一方法就是寻求妥协。只要跟人过日子，妥协就是必然的事情。

于是，你们今天中午一起吃火锅，晚上一起吃面条；一起先看综艺，接着看电影；你睡到8点起床，一边读书一边在10点前把早饭做完……妥协无处不在，这是生活的智慧。

所以为了达成妥协，你不能对配偶的意见和要求不闻不问，也不能毫无主见地赞同她说的每件事。要随时记住，提醒自己从对方的角度看问题，寻找对方观点中合理的部分，这也是沟通中最重要的环节。

3. 停止恶化。

有矛盾、争吵都很正常，但要有底线，比如不能动手。双方可以商量好什么时候要给对方一个台阶。我听过一个案例，夫妻双方只要吵架了，先睡觉的就要给后睡觉的人挤牙膏。仔细想想，如果都挤了牙膏，矛盾自然也就化解了。

还有些小窍门，当你发现吵架不可避免。可以适当打断自己和对方：

"你慢点说，我没听明白。"

"这对我很重要，请听我说。"

"等一等好吗，我要冷静一下。"

"也许你是对的，让我想想。"

请记住，聪明人是不会允许事态恶化的。

回到我们之前的案例，丈夫应该怎么做？他应该选择是在家吃牛腿，还是按照原来的计划在外面吃？这就是夫妻沟通方式的最核心的一个问题，请记住：夫妻永远要把对方放在第一位。

第一位不能是孩子，不能是父母，也不能是任何事情和人，夫妻彼此才是第一位。这是一个家庭最基本的法则。

所以，故事的主人公——那个丈夫是这么做的：他先感谢母亲为他做了好吃的，把做好的牛腿放进冰箱，同时请父母听从妻子的安排，一起去订好的餐厅吃饭。

尽管母亲有些不高兴,但妻子却为此心生感激。过了一段时间,他又去给母亲说点好话,这件事情才算处理得完美。

还有一件事情,我放在最后说,因为很重要:孩子的出世会不可避免地造成女人性格上的变化,女人容易把所有的精力都放在孩子身上,这会让丈夫不由自主地心生抱怨,也会让女人压力更大,从而生活质量降低,双方婚姻的幸福感也大大降低。

所以在照顾孩子方面呢,男人一定要多参与。

异性间的沟通法则

"魔鬼咨询师"阮琦讲过一个故事：有一天，他在咖啡厅看到邻座一个美女在玩手机，于是自己也拿出手机，假装滑动了几下，然后开口问她："嗯，你的手机在这里有信号吗？"

女孩说："有啊。"

他继续说："奇怪呀，我是联通的，你是哪家的？"

女孩说："我是电信的。"

接下来关键处到了，他笑着说："咦，真巧，刚问完你，联通的信号哗哗地就来了……"

女孩笑了，而且笑得很开心，于是他就放松地跟她聊天了，几分钟后还搬到了她的桌子边继续聊，最后顺理成章地互留了联系方式。

这个故事虽然被当成了搭讪的经典案例，但是这种成功有两个重要条件：

第一，男孩子要长得帅，这是必须的。

第二，男孩子说话不讨人厌。

这就涉及男女间的沟通技巧了，也是本节要探讨的话题。

在探讨沟通技巧前，我多说两句"长得帅"这件事情。很多直男总是对女孩子的长相指手画脚，却不知道，这个时代已经变了，男生的外貌也在变得越来越重要。有人说我妈妈生我的时候我就不帅，别担心，你可以不帅，但你一定要干净、精干、舒服，这是基本的：出门刮个胡子，穿一身整洁的衣服，哪怕不洗头，也要梳个整齐的发型，不过分吧？

莉尔·朗兹的著作《如何让你爱的人爱上你》里阐述了让人爱上你的六个因素，其中第一条就是第一印象。第一印象的重要性不言而喻，只不过这个时代的第一印象已经从女生转移到了男生的身上，男生的第一印象也格外重要。外貌是我们对一个人了解的最初方式，很多时候只因为外貌，对方就容易做出去和留的决定，所以《非诚勿扰》第一关永远不会让男嘉宾说话，只需要先站在那儿让女嘉宾按灯。因为五官决定要不要留下，三观决定要不要走。

人进入婚恋市场，难免会供人判断和挑选。这里有意思的是，女生更在乎服饰，但男生主要关注的并不是服饰，而是身材和外貌，服饰只要好看就行，不用太贵。相反，男生应该在初次约会时穿贵一点的衣服。因为女性的原始本能促使她们会自动选择有一定经济实力的人，这不是拜金，这不过是本能而已。

说完外貌，还是要回到男女间的沟通问题。

这些年PUA大行其道，甚至残害了很多女孩子，但我一直觉得，很多变态的PUA和搭讪并不是一回事。搭讪或者男女沟通的技巧，本质上是一种帮助男孩子打开心扉的方式。变态PUA关注的是造假，是如何吊住对方的感情，而正常的搭讪和沟通，是自我表达，是对自己感情的表露。

我有个发小，今年已经32岁了，很优秀，在一家外企工作，月薪三万，一年下来加上奖金和补助也能有五十万的年薪。但直到今天，一直没有女朋友，理由只有一个，他完全不会跟异性沟通。有一次喝多后，我几乎是逼着他拿着手机发信息给一个女孩子："明天晚上一起吃饭吧！"女孩子的回答是这样的："晚上我减肥，不吃饭。"

他回："哦，好的。"

这件事就这么过去了。

其实，这句话完全可以这么回答："真的吗？我也减肥，我们一起减肥吧。"也可以这么说："我知道有一家很棒的素食菜馆，要不要一起？"还可以这么说："要不要一起跑步啊？"

这三种接话的方式都指向了关系。而不应该像他那样，只关注自己。

男生喜欢讲目的，而女生喜欢讲关系，男生开口总喜欢说"我"，而女孩子开口总爱问"我们"。

我在阮琦的书里找到一个案例，和他竟然很像：

男：晚上一起吃饭吧！

女：晚上减肥，不吃饭。

男：那晚上我陪你一起减肥。

女：哎呀，你真讨厌！

女孩子说"你真讨厌"时，其实是个表达好感的信号，男生如果能清晰体会，一定会再接再厉。比如可以说"为啥只有你这么了解我呢？"或者"要是能帮你减肥那我就再讨厌点儿吧"，这才能把气氛进一步引向关系。这样两个人就会很快进入一个对话的氛围。但很多男生因为"直男癌"爆发，竟然回答："我不讨厌。"还解释自己为什么不讨厌，列出理由并总结。这都是因为不了解和异性沟通的法则。很多男生都可以口若悬河聊到古今中外，但却忘记了一件事，和异性沟通，尤其是自己喜欢的异性，需要表达的并不是这世界多大，而是这世界有没有她，在男生的话语里，她才应该是古今中外的一切。

在沟通中，男士有一个非常重要的逻辑，叫高价值展示。就是要去展示自己的高价值，但有一点很重要，没有事实你不能乱编，说谎就成了网上那些恶心的PUA。我想起我的这位发小，他去相亲的时候，我让他去展示高价值，结果他不停地在现场跟那位姑娘说，自己喜欢打《王者荣耀》，而且打得特别好，把那个姑娘吓了一跳，以为这是个网瘾少年，直接拉黑了。高价值首先应该是地位、工作、财富的价值，然后是不用直接说出来，从言谈举止中、朋友圈中以及别人的评价中就能看到的东西。这是建立联系的第一步，哪怕你这个时候什么都没有，也没关系，只要你努力，并表达出努力的决心，也是一种高价值展现。谁说未来有巨大潜力的男孩子没有高价值呢？

男生和女生除了第一面的普通语言交流之外，还有一种更重要的交流，就是眼神。研究人员发现，如果一对男女交谈过程中目光接触从 30% 提升到 75%，对方爱上你的可能性将会增大很多。因为我们喜欢一个人时，瞳孔会放大，若两个人的瞳孔都在放大，也就是互相喜欢的征兆。一旦两个人确定了好感，爱的目光就会在身体里蔓延，他们的目光会从头发飘到眼睛，再到肩膀、脖子……总之，眼神能表达的东西太多。

同样不用语言就能表达爱意的，还有适当的肢体接触，这个也很重要，因为我们从猿进化成人前，都是通过给对方梳毛、爱抚来表达爱的。接触很有必要，别太猥琐就好。就如美国的一项研究表明，两个人在舞会上只要跳支舞，有一点轻微的身体接触（比如他把椒盐饼干递给你时碰到你的手，她帮你摘下衣服上的线头时轻拂过你的外套），就能提高两个人的默契度，从而推进感情。

默契度之所以重要，是因为我们首选的对象往往是和我们价值观差不多的人，就好比我经常在上课时开玩笑地说：单词量不一样，怎么可以在一起？所以女生在和男生沟通时，一定要去寻找对方感兴趣的话题，同理，男生在和女生沟通时，也要寻找女生感兴趣的话题。

比如你是否发现,现在越来越多的男孩子开始研究星座了。

我是不相信星座的,但也开始研究了,为什么呢?因为太多女孩子相信星座了,甚至有的不仅相信星座,还相信血型、塔罗牌……她们信的东西很多,但如果你仔细问她们,她们似乎也不是真的相信这些东西,她们迷恋的并不是背后的科学体系,而是当你说出自己的星座时,她看着你那种确定感——对!你就是这样的性格!而你之所以也要去研究,是因为这样才能跟她们有共同话题。这就是平等对话背后的逻辑。

请注意,只是和她当前的状态对上话,未来不重要。可能她和你在一起后,就不信星座了。

阮琦的《魔鬼约会学》里说了关于男性思维跟女性思维的不同:男性思维是目的优先、结果导向,注重的是未来时;女性思维则是过程优先、感受导向,注重的是当下与过去。所以当男人觉得他对一个女人"有意思"的时候,言下之意就是他希望跟那个女人在未来的某个时刻发生确定的某件事情,而当女人觉得她对一个男人"有意思"的时候,往往表达的是眼下她愿意跟那个男人把关系往前再推进一步,至于以后怎样,要根据这一步走完的结果而定。

也就是说,你和她见面讲话的当下表现很重要。

女生和男生的思维还有一点不同,就是女生更在乎情感的表达,男生更在乎事实的阐述。这就是女生和男生吵架的时候,女生就算没有道理，也还有一招"撒手锏"：你为什么吼我啊？所以聪明的男生不要跟女生讲道理，同理，聪明的女生也不要专注于情绪，被情绪带着跑。有时候我会觉得这个世界的高手都具备一点点雌雄同体的思维，这是个好事，说明男性思维和女性思维正在逐渐混合。

我在希腊的时候认识了一个哥们儿，我叫他 Milos，他娶了个成都太太。希腊人从苏格拉底、柏拉图、亚里士多德开始就讲究理性，这是骨子里的东西，改不了。所以他完全不能理解为什么自己的太太总是无理取闹，他对我说："她完全是不对的，她自己也知道，还是要继续闹。这逻辑完全不对啊。"

后来我笑着对他说："你要记住啊，无论你太太说什么，她都是对的。"

后来我回国了，有天晚上他跟我说："你太对了。"

我差点笑到桌子底下。

对于男生来说，你的心里可以有自己的想法，但还是要说她是对的，等她理性恢复时再和她好好谈。女生也一样，准备发怒前，一定问问自己，是情绪在操控我吗？

男生和女生对话时最常见的问题，就是男生总是过度地使用理性，女生总是过于依赖情绪。以下是我总结的"聊天四大常见错误"：

1. 连续提问。

男：你现在毕业了吧？

女：对。

男：你是 10 级的吗？

女：我是 11 级的。

男：现在在哪儿上班？

女：……

这就是典型的直男思维了，再问下去人家能疯。

2. 不说自己。

女：你是做什么的？

男：我们公司是世界五百强。

女：那你工作很累吧？

男：我们有个同事都猝死了。

女：……

所谓的对话，应该是你一言我一语，而男女的沟通，更是彼此的阐述，别说到别人。

3. 情感过度。

比过度理性更过分的，应该是情感过度。在还没有确定关系时，许多过度的情感表达，比如深夜对别人哭泣，比如上来就讲自己过去的前女友，都是没必要的。

4.随意评价。

这点我们之前说过，准确来说，跟任何人讲话都不要随意评价。

其实跟自己喜欢的男生或者女生沟通，都是一件美好的事情，在这个快速变换的时代里，不仅可以男生追女生，女生为了幸福，也可以主动跟男生建立联系。

那应该怎样跟异性说话呢，我有这么几个建议：

一、表达"你在我心里是独一无二的"

无论是男生还是女生，都会对喜欢的人产生好感。但很多人说不出来，其实有一个万能句"你是我见过的最特别的人"。这句话不是假话，更不是胡说，你仔细想想，每个人都是最特别的人。

二、多听对方过去的故事

在听对方故事的时候，仔细听就好，别发表太多评论。但在你讲自己的故事时，也要注意对方隐形的语言，比如她的面部表情，她的肢体语言，一般情况，她开始看手机或者手表时，或者身体靠后双臂紧锁时,都在表示着:你该换个话题了。

三、寻找对方感兴趣的话题

对方感兴趣的话题不难找,从对方的语言中、朋友圈中,还有衣着上,都能找到。顺藤摸瓜,好感是可以迁移的,由对话题的好感,转变成对人的好感是一件很容易发生的事。其实跟任何人讲话,寻找对方感兴趣的话题,都是情商高的表现。

四、多说"我们"少说"我"

我们指的是关系,只有很亲密的关系才能经常说到我们。比如"今天天气很好,我们一起上自习吧",比如"我给你推荐个电影,我觉得我们这种比较善良的人可能都会被感动",这表达的是两个人,而不是一个自己。

五、分享私人秘密

"告诉你一个秘密,你别跟别人说啊",这就是一句非常拉关系的话了。谁才能听秘密呢?当然是最亲密的人。那么,我也告诉你一个秘密:除了分享秘密,也可以分享一些自己的缺点,比如你爱咬指甲；你爱睡懒觉；你不爱洗头。

六、参加一些容易引发情绪波动的活动

研究表明，两人同时经历一件有危险倾向的事情，会令双方的感情加深。就好比如果你在一座晃动的大桥上要一个女孩子的微信，要到的概率会增大不少，因为晃动的大桥，造成了心跳的加速。所以，约会的时候，骑马、骑摩托车、冲浪、看恐怖片、鬼屋、密室逃脱、找一群人撕名牌都是不错的选择。

七、复制对方的语言体系

实在不会说什么，复制对方的语言体系，学习对方的口头禅，也是个不错的方法。因为一个人大概率不会讨厌自己，更不会讨厌自己的话。不仅可以模仿对方的语言，还可以模仿对方的举止和行为。人和人之所以能聊到一起，是因为人们有相似的品质。相似分为三种：第一，是兴趣爱好的相似；第二，是价值观的相似；在男女沟通的领域里，还有第三点：对爱情的理解。你要去问对方对爱情的理解是什么，听对方的故事和理解对方的情感，从而发现相似性。

八、让她感到自信和被尊重

最后一种沟通，无论放在哪里，都屡试不爽，就是我们之前聊过的话题：赞美。除了真实的表扬，在男女沟通中，还有一种特殊的赞扬，叫无声的赞美。比如对女孩子来说，用眼神来夸她，简直是无敌的。她说什么，你都用崇拜的眼神看着她："真的吗？你好厉害。"她遇到什么麻烦，你都用共情的感受陪在身边，用坚定的眼神看着她，给她力量。

赞美也有技巧，比如从小处赞美，不要夸得太宏观，夸得具体一些，我想起曾经在一次约会里，一个女孩对我说："尚龙，你真是不容易，你的同龄人在这个时候还在花家里钱，你已经开始自己赚钱了。"那时我非常感动，现在回想起来，那时候应该是我最窘迫的日子，所以我很感谢那位姑娘，她一定是个沟通高手，虽然没和她走在一起，但那些片段真的很美好。

当然，还有一条最重要的，就算聊得再好，也要努力让自己变得更好。因为好的感情，就是给对方和自己一个机会，让彼此成为更好的自己。

朋友间该怎样对话

有很长一段时间,我参加聚会的时候,都会感到尴尬和不愉快,尤其是到了 30 岁这个年纪,更不喜欢聚会了。其实,不是因为我跟这些人不熟,而是因为我实在不知道应该说点什么。朋友分成三六九等,有些很亲近,有些很陌生,在陌生朋友面前说亲近的话,很尴尬;在亲近朋友面前讲陌生的事,更脸红,所以,我并不想参加这些聚会。可是倘若不参加这些聚会,又少了很多社交的机会,很多影视项目、公司合作,可能就是因为少个朋友,才没办法开展起来。于是,我一边努力社交,努力迎合各种人,一边在社交场合中学习沟通,并在书里寻找答案。

后来我发现,我才不是唯一那个看起来内向的人。就算是顶级的沟通高手,也存在着自己的问题。这么看来,我们确实都需要在书里寻找答案。

在我找书的过程中,我发现一个有趣的事情:市面上沟通类的书名字起得都特别像,几乎都以"情商""沟通""内向"这些词为核心，封面也是出奇雷同，这可能是难以摆脱的怪圈：一本书红了，其他书就跟着一起抄，这样的好处当然是提高了销量，但坏处也不言而喻：许多明明很好的作品，却丢掉了自己的特性，更容易消失在书海里，但好在我还是在这些极其雷同的书名中，找到了英国著名的畅销书作家卡洛琳·塔格特的一本书《所谓会说话，就是会换位思考》。

其实这本书的书名就已经很巧妙地表达了朋友之间最简单、最重要的沟通法则：换位思考。

2019年，我参加了一个饭局，一般在饭局里，如果气氛不够活跃，我都会选一个人热场，这个人多半是男人，一个看起来脸皮比较厚的男人，因为男人在饭局里开得起玩笑，然后我的话题针对他，整个场合的气氛就能活跃起来。接着，大家一笑，你一言我一语，饭局就热闹起来了，他也成了饭局的中心。这招我屡试不爽，但直到那次饭局，爆雷了。那个男生平时跟我很熟，是开得起玩笑的人，可是在我跟他开了两句玩笑后，他忽然站了起来，要打我。这给一桌人弄得非常尴尬，好在后来还是缓和了下来，大概吃到了9点，他起身离开时，我才明白了原因。跟他一起走的，还有一旁的一位女士，他一直在追那位女士。我这一口一个关于他的段子，可算要了他的命，他能不跟我急吗？于是我终于明白了，我之所以错了，是因为我没有换位思考，原来他参加饭局都是一个人来，这次明明是两个人来，我怎么就没发现呢。

换位思考是朋友之间交流最重要的法则，其实换位思考没那么难，在自己说话前，至少应该做的事，是大概了解一下说话对象。

日常聊天中，我们会经常谈到自己身边的事，也会聊到对方身边的事，这无可厚非，因为朋友交流就是聊彼此身边的事情来拉近距离。但很多敏感话题，能不碰就不要碰，比如不要跟单亲家庭的朋友聊父母对孩子的重要性；不要跟离异的朋友聊恋爱和结婚；不要跟失业的朋友炫富。每个人都有自己敏感的话题，怎样通过换位思考来避开敏感话题呢？

一、了解对方的观点

当你知道谈话对象对某位公众人物持肯定态度时，你就不要选择批评这位公众人物作为你们交谈的话题切入口。如果你有个年轻的朋友，在聊天的时候，一定要小心你对某些流量明星、小鲜肉的看法，因为这可能会决定你们接下来交谈的质量。

对于那些比较微妙的话题，你需要在参加聚会之前向主人尽可能地打听清楚有什么"雷区"是不能触碰的。比如，在聚会中有没有谁刚刚遭遇了婚姻巨变，有没有谁的家人刚刚离世，谁的公司忽然破产，谁的生活刚刚遇到问题，等等。

当你掌握的信息足够多时，你和对方就会站在一个信息量相对平等的位置进行对话，这样就会更好地避开令自己和别人尴尬的话题。去任何一个聚会之前，都要问问主人，今天谁来。如果有点名气，或者有共同的朋友，至少应该在网上查查，或者问问身边的朋友对方的情况。

如果遇到尴尬的话题，记得切换到安全话题。**切换话题其实很简单，你只要记住这个技巧就好："哦，对了……"顺着别人的话头，委婉地打断别人的话，同时引出自己的话题。**

这里还有个建议很重要，在社交场合，我们遇到的人可能来自各行各业，这个时候，要想让大家都能有一段比较轻松愉快的谈话，需要注意的一点是，不要向专业人士咨询某一专业的问题。比如不要在社交场合问你遇见的医生某个病的治疗方案，不要问律师怎样处理你遇到的法律纠纷，也不要问投资人你现在的投资计划是不是合适。最可怕的，就是不要问一个英语老师应该怎么学英语。是不是觉得很奇怪，为什么？请听我慢慢道来：

第一，每个人来社交场合其实都想有一段轻松的时光，你一问他的工作，他马上就容易紧张起来。

第二，工作是要收费的。你是朋友，又不能收费。

这些关于工作的问题都很尴尬，但很多人就是喜欢明目张胆地当着很多人的面问出来，怎么办呢？

二、话题转移

其实尴尬的局面也不是无法化解的，有两个方法：

第一，转移话题，把谈话引导到一个不同的方向上去。比如，"对了，说到学习，最近你家孩子上学的事情怎么样了？""对了，说到学英语，你记得有部英文电影叫《肖申克的救赎》吗？"

如果出于某些原因很难转移话题，你可以提前准备一些万能的答案，比如"这事说来话长，咱们说说你吧""这个话题我们还有一晚上的时间，要不……"通过含糊其词来让自己避开尴尬的局面。

第二，你可以先沉默一会儿，让大家明白你不想谈论这个话题。不要怕尴尬，一定会有人比你更怕，他们会抛出新的话题，这时你马上去接新的话题，以此表明自己虽然尴尬，但没有生气，希望赶紧忘掉。

三、有效破局

怎样有效破局？卡洛琳·塔格特的《所谓会说话，就是会换位思考》里分享了三个很实用的技巧：外部接触、话题选择和情绪交换。

1. 外部接触， 是指借助衣着打扮、面目神态和肢体动作来进行换位思考。别小看这些细节，它们暴露的东西很多，有句话是"男人看表，女人看包"，是因为在表和包上，能看出男人和女人的很多细节。我曾经遇到过一个女孩子，人长得很好看，包也很不错，我跟她互换名片的时候，她说她找找自己的名片，于是开始翻包，翻着翻着，翻出了一只袜子……我当时就知道，她肯定平时大大咧咧，而且多半是个单身的姑娘，于是在沟通时我跟她聊天的语气就随和了很多。聊到后面，她也完全放松了，甚至我在好几句话里，都夹杂了粗口，她也并不在意。

但如果你发现在这个聚会上，每个人都是西装革履，谈起话来彬彬有礼，你说的话最好要和气氛相对应，不要提你昨天在大排档吃腰子的事情。

其实社交久了，我经常感到外表的重要性，这里的外表不是说长相，而是穿着、表情和肢体动作，因为它透露的信息更多，是人和人最表面的基础交流。所以重要场合，一定要选择好穿搭，我在抖音上看见过许多教人搭配衣服的视频，男孩子一定要花时间关注一些。

除了外表以外，我们的一举一动都会影响别人和我们交流的欲望。比如，如果你故意逃避和他人的眼神交流，会让自己看起来有点心不在焉、畏畏缩缩，但如果你一直盯着别人眼睛看，也会让人觉得有侵略性。正确的眼神交流应该是正视对方的眼睛，然后把眼神转向对方的嘴巴，接着再看看对方的眼睛，时不时鼓励性地点点头，这表示你正在用心听，而且很感兴趣，这几个步骤听着好像很复杂，其实多练习几次就很自然了。如果你想让人不自在，就盯着人家的发际线看吧。

从心理学角度来看，人的肢体动作反映了人们内心的真实想法，比如，站立的时候把手插到口袋里不仅会让你看起来很懒散，还会让人觉得你现在很无聊；跟人说话的时候身体往后倾斜，意味着对方的话让你感到不自在或者你对谈话内容不感兴趣，而如果身体稍微向对方倾斜，说明你对谈话的内容很感兴趣、听得很投入；当你抱臂站在那里的时候，说明你比较拘谨、有较强的防卫心理。这些看上去无关紧要的肢体动作，其实正在暴露你的情绪，从而影响别人对你的第一印象。你可以说你不是这么想的，嘴巴可以骗人，但身体却很诚实。

2. **话题选择**，同样是重要的思考方式。为什么有些人总能找到有趣的话题，有些人却总能把有趣的话题变得冰冷无比呢？其实答案很简单，也很残酷：要想让谈话变得温暖有趣，还需要你本身是一个有趣的人，只有自己先成为一个有趣的人，才能让别人被你的谈话所吸引。我曾经写过，你不要抱怨周围漆黑一片没人照亮，因为你也不是光。我们想要成为一个有趣的人，最简单的方法，就是平时去拓宽自己的知识面，去读书、听课、旅行、交朋友，如果你的生活每天都只是那些游戏、韩剧、明星、八卦，你的聊天质量自然也就上不去。当然这不可能一蹴而就，要慢慢来，很多时候我们没话说，仅仅是因为肚子里没有货、没有知识，才导致冷场和无趣。有些知识看起来没用，其实都能成为我们的谈资，多读书永远是王道。

如果你还是觉得慢，我为你推荐两个方式：

（1）在别人身上找话题。比如从对方的语言、外貌、兴趣爱好中寻找话题。

（2）谈话之前储备一些话题模板。比如读过的书、看过的电影、听过的笑话、去过的地方、曾经的一个朋友、自己的一件囧事、工作的烦恼……这些都可以。但请记住，不要夸大自己，更不要炫耀自己的成绩，因为这样会让人不舒服。邹振东教授的《弱传播》里说，风好传播，山不好传播；水好传播，石头不好传播；花粉好传播，大树不好传播；星光好传播，星球不好传播。如果石头也开始传播，那就是泥石流；如果树也开始传播，那就是台风；如果山也开始传播，那就是地震；如果星球也开始传播，那就是宇宙爆炸。

同理，你强的信息会给人造成不悦，但你弱的故事却能变成话题。

（3）情绪交换。也就是我们说的共情。它是指通过观察不同的场合下人们的情绪，来决定自己说什么、不说什么。

有时候我们说的并不是不对，而是场合不对，没有顾及别人的感受。

我在《你只是看起来很努力》里说过一件事：

我在写完一个剧本后第一时间给一位朋友发了过去，她看完之后跟我说，写得还行，就是那些个细节你写的什么玩意儿。

过了很长时间我才发现，她说的是对的，因为我确实有很多细节没有写好。但为什么那个时候我就特别想拉黑她呢？因为场合不对。虽然说忠言逆耳，但在一个人刚完成一部作品，本来是要庆祝的时候，忽然被朋友打击，再忠的言，也会令人不悦。

谈话的时候，即使是面对同一个人，即使是讲同一番话，在不同的场合下，他和你交谈的情绪和目的也不一定一样。所以要想真正做到换位思考，就要弄清人们情绪背后的真实想法，要去与别人共情，设身处地地为交谈对象考虑，并根据对方的需求来安排谈话内容。

这个很难，但当你抓紧训练后，也不过是家常便饭。

经过长期训练，现在我基本上听别人说个两三句话，就能大致分辨出他的情绪和他需要我回应的是什么。很多时候，我们需要的并不是别人的答案，而是别人的共情和认可。这些年，身边很多敏感又脆弱的人问我应该怎样改变自己的性格。我想说，敏感没问题，问题在于脆弱。和别人对话敏感，只会得到对方的好感，但脆弱不会。别把什么都往自己的身上和命运上硬套，受害者心理往往是毁掉我们的罪魁祸首。

回到敏感，比如，当我们忽然开始谈到单亲家庭的孩子时，请注意，如果这时你注意到有的人眼神开始回避、找借口上洗手间、身体朝后倾斜、抱着双臂，就应该及时意识到可能他从小生长在一个单亲家庭，或者他现在正独自带小孩，又或者他曾经被这个话题伤害过，至少这个话题对他来说过于敏感，不应该继续谈下去了。

但是，如果别人探讨这个话题又刚好在伤害你时，请微微一笑，说："哦，对了……"这就是不脆弱的魅力。

发表自己的观点之前要确定时间、场合是否合宜，更重要的是要去共情。尤其是和朋友交流，再好的朋友，也经不起你的过分直白，许多直白很容易伤害到别人，别怪别人玻璃心，其实就是你不会说话而已。如果你会说话，为什么要伤害别人呢？

在成人的世界里，社交的重要性不言而喻，我曾写过"放弃无效的社交"：在你还不是特别厉害的时候，社交帮不了你什么忙，因为你跟别人就不是一个圈子的，不存在平等社交。充其量，是你给别人点赞。在此之前，你一定要注意提高自己，在孤独中成长，在没人关注时一个人默默歌唱。但总有一天，你也会走向社交舞台，走到比较高的地方，你就会发现，这世界又分成了两种人：一种人身边都是朋友，他们条条大路通罗马；一种人几乎没朋友，一开口就把人得罪光了。

父母如何与孩子沟通

2017年,斯蒂芬·卓博斯基导演的《奇迹男孩》在美国上映,上映当天,引起了巨大的反响,并获得了奥斯卡最佳改编剧本、最佳发型化妆、最佳新人多项提名。影片的故事很简单,讲述了天生面部缺陷的小男孩奥吉,从小由母亲在家里教导,后来,他终于有机会进入普通的学校学习。刚进学校的奥吉因为自己的长相受到了同学们的嘲笑和欺负,但在全家人和老师、朋友的帮助下,他最终找到了自信,并用自己的行动改变了其他人对自己的看法。

在电影上映后,许多人一边感动于奥吉的努力,一边对比着他身边的残忍。但其实,这并不是一部励志的电影,我们更应该注意的是奥吉的父母——那对很会和孩子沟通的夫妻,没有这样的父母,奥吉的生活只能是悲剧。从另一个角度来说,这是一部家庭教育片,从电影里,我们更应该学习的是奥吉的父母如何在挫折中和奥吉沟通,并帮助他渡过难关。

故事里有一个情节:当奥吉哭着跟妈妈说自己丑时,妈妈说你不丑。奥吉说:"你是我妈妈,才这么说。"妈妈说:"因为我是你妈妈,所以我的观点更重要。"这句话刚说出来,奥吉就哭了。其实,这句话说得没错,父母对孩子才是最重要的。

有趣的是,《奇迹男孩》这本书的作者帕拉西奥也是两个孩子的妈妈,她毕业于美国著名的帕森设计学院,本职工作是一位插画师。平时的生活里,她不仅要工作,还要照顾孩子,只有在晚上把两个孩子哄睡着,自己才能悄悄跑进房间动笔,但就是这样,她也写出了这部享誉世界的作品。我想,这就是父母的语言——很多时候,父母并不用跟孩子说太多话,更不用高压加棍棒地让他去学习,孩子是有模仿能力的,你的所作所为,已经构成了一种叫以身作则的语言。一个整天在家打麻将的家长,孩子是不可能不受影响的;一个在家时间几乎都在看书写作的家长,孩子也不可能不爱读书。

随着90后这一代人也逐渐成为父母,我们更有责任和义务,讲好父母的语言,让下一代更幸福地成长。上一代的家庭构造很有趣:往往是一个焦虑的妈妈,一个消失的爸爸,还有一个崩溃的孩子。这一代,希望我们可以改过来。

先从胎教开始说起吧。不知道从什么时候开始,胎教成了一种时尚,但我认为"让孩子不要输在起跑线上"这样焦虑的话除了有助于传播,本身并没有意义,因为父母才是孩子的起跑线,这样一想,起跑线本来就不同,为什么要比赛呢?所以,这么看是不是觉得没必要赛跑了，如果已经落后了，慢慢地走完也是一种幸福。有些父母认为听古典音乐是非常好的胎教方式，但仔细想想就能明白，孩子被羊水包裹着，这感觉就像你在潜泳，我在外面把喇叭放到最大，无论我放的是莫扎特还是贝多芬，你什么也听不清。美国的神经学家约翰·梅迪纳在《让孩子的大脑自由》一书里很简单又有力地说：让孩子清净一点，他们不喜欢被打扰。

其实到目前为止，没有任何科学证据显示，胎教对提高胎儿的大脑发育有丝毫帮助。你还不如在怀孕的时候多注意一下营养的均衡，这比你放什么音乐重要多了。

孩子的成长，全部和出生后你的语言息息相关。

达娜·萨斯金德，芝加哥大学的医学教授。她长期致力于听力障碍学生的研究，她经过长时间的医疗实践发现：听力障碍儿童植入人工耳蜗之后，在学习成绩上会有很大的差异，换句话说，当他们开始听到的东西越来越多时，思维也发生了变化。于是她开始探究语言和成绩的深层关系。

按萨斯金德教授的说法，在美国社会地位高、经济地位高的家庭，婴幼儿每小时会听到2000个词；中等收入的家庭，婴幼儿每小时会听到1200个；低收入家庭的孩子，每小时只能听到600个词。他们在3岁以后，听到的总词汇量的差距就达到了3000万个。3000万个词汇这个差距，毫无疑问，一定会影响他们日后的学习成绩和智力发展。

据统计，在有些国家，经济和社会地位较高的家庭的 3 岁孩子，累计听到过 4000 多万个单词，能掌握 1116 个单词；相比之下，贫困家庭的孩子只听过 1000 多万个单词，掌握 525 个单词，相差 591 个单词，差不多一倍了。我虽然不知道中国是不是这样，但我知道，很多家长并不会给孩子说那么多单词，孩子长大后使用单词的多样性必定会贫乏，同样也会导致孩子学习吃力。

除了使用单词，回应孩子也很重要。

当年做这些研究的人，还注意到一个数字：高收入家庭，每小时对孩子的平均回应是 250 次，也就是孩子说什么，家长是有回应的，而低收入家庭，每小时对孩子做出的回应不到 50 次，孩子大多都在和电视、iPad 交流。也就是说，从这个实验来看，在部分国家，高收入家庭的父母更有耐心，时时都在回应孩子，而低收入家庭对孩子的回应就少了许多。

所以，我们大体上可以说，高收入、高知家庭父母和孩子之间的话语密度就是比较频繁，这对孩子的成长也有好处。而低收入家庭，父母经常和孩子沉默以对，这样的成长显然冷清了不少。

于是萨斯金德认为，好的婴幼儿早期语言环境应该是听到更多的词汇，得到更积极的回应，听到更多正面、积极、肯定的词。这也是做家长的一定要注意的事。

但跟孩子说话，不一定越多越好。许多家长跟孩子说话都近乎一种抱怨，如果是这样还不如不说话，萨斯金德教授在《父母的语言》

里建议跟婴幼儿说话要注意三个原则：

第一个原则，共情关注、充分交流和轮流谈话。

所谓共情关注，是指你和孩子要处在同一个语境中。共情，我们多次聊过，但什么是共情关注呢？简单来说，他关注什么，你就关注什么。比如母亲给孩子洗澡时，可以和他谈谈沐浴液的气味；一起玩积木的时候，说说积木的形状，甚至等孩子再大一些，还可以在洗澡的时候跟孩子聊到性教育，比如这些地方陌生人碰了要及时跟妈妈说。其实孩子的注意力保持不了多久，五分钟就会转移，你也要跟着他转移注意力，始终跟孩子在同一个语境下。

共情应该是全心全意，而不是三心二意，所以手机是共情的天敌，父母陪伴孩子时最好放下手机，不要处理工作，更别玩手机游戏。

第二个原则，充分交流，它可以让孩子更好地掌握词汇。

大人可以一边做家务，一边念叨手上干的活儿，我在做饭，我用平底锅来做饭，我放上油，打一个鸡蛋；舅舅在躺着，他躺在哪里啊？沙发上。沙发什么颜色的啊？白色的。我们在做一件事情的时候，还在用嘴重复，这对孩子的理解力十分有帮助，小孩子会把你的动作、你拿到的东西、身边的人、身边的事，与你嘴巴里的词汇一一对应起来，接着，他会慢慢学习到语言，直到他把听到的一个词，对应起什么东西、什么事。在这个过程中，要少用代词，舅舅就是舅舅，不是那个人；我很喜欢你的画，就是我很喜欢你的画，而不是我喜欢它。甚至可以在这个时候，顺便教他几句外语，这个时候孩子学习外语的能力,可比成人要强太多。

等孩子们会说话之后,有一段时间他们也会这样自言自语,一边玩耍一边说自己在玩什么。比如我的外甥,每次来到我家,都说:饭团儿进门了,饭团儿消毒了,饭团儿吃饭了。你需要做的,就是回应他:"真棒!"

等到三五岁的时候,他们会用语言来描述当下没看到的事物,会在回家的时候告诉你幼儿园里都发生了什么,这样的语言叫作"脱离语境的语言"。这时他们的语言能力会越来越强。

但如果你的孩子已经过了3岁了,也没关系,史蒂芬·平克在《语言本能》里做过研究:婴儿大脑的代谢能力,在4岁左右达到峰值。6岁之前是学习语言最佳的年龄。

第三个原则,轮流谈话,其实就是聊天,聊天不仅是你说话,还要和孩子沟通。

你可以向孩子发起和展开一个话题,请注意要聊开放式的话题。如果你只问一些简单的封闭的问题,孩子用"是或不是""对或不对"来回答,这对词汇量的积累是没什么用的。开放式的交流会让孩子开始独立思考,比如你问他,你来说说舅舅好不好?你来跟我聊聊小猪佩奇好不好?

那么又来了一个问题,我们和孩子聊天时,要不要用儿向语言呢?所谓儿向语言,就是学孩子讲话,奶声奶气地沟通。

答案是:要。虽然委屈大人了,但是要。

有一项研究说，如果 11 个月到 14 个月的婴儿一直在接受儿向语言，那么到 2 岁的时候，比起那些一直接受成人语言的孩子，要多两倍的词汇量。因为你用儿向语言时，孩子能感受到你的亲密。

儿向语言的作用是能让亲子关系更紧密，因为语气积极、措辞简练、温柔可爱还有韵律的语言，更能吸引孩子的关注，他们会觉得这是我自己的话，眼前这个人跟自己一样。一位专家在日本做过研究，孩子 7 个月大的时候还是"世界公民"，能毫不费力地分出英语中常见的"r"音和"l"音，但到 11 个月大的时候，日本孩子的这项能力就消失了，只会更关注日语中常见的语音。

不仅建议使用儿向语言，还建议提高声调、表情夸张，这对帮助婴儿大脑更好地提取语音是很有帮助的，但等孩子大了，正常说话就好，都是成人了，没必要装嫩。

多说一句看似题外的话，对于写小说的作家来说，当你试着用儿向语言去写作，这个故事一定会更温暖可爱一些。比如杜鲁门·卡波特的《一个圣诞节的回忆》，比如麦家的《人生海海》，都透着孩子的稚气，读这样的故事，也能让你以孩子的视角再活一遍。我一直很希望自己能用儿向语言再写本小说，但我还在努力中。

其实这就是为什么很多妈妈和爸爸越活越单纯的原因了。因为他们在孩子 2 岁前长期用儿向语言跟孩子交流。

孩子在小的时候，对语言学习的能力是超强的，越长大越发现学习语言的痛苦，因为大脑很多神经已经闭合，许多神经元的移动方向已经固定。所以接下来这个问题很重要：孩子要不要学外语，或者直白地说，孩子应该什么时候学外语。

我的建议是，越早越好，越早孩子的痛苦越少，不一定是英语，也可以选择西班牙语、法语、意大利语、日语。学两种语言的孩子，在最开始掌握的词汇量较少，但长大后，词汇量会迅速提升，最重要的是，他们会对这门语言更亲切，学习起来也更容易。使用双语的孩子相比只用一种语言的孩子，在语言和非语言方面都有优势，比如他们会具有较高的自我调控能力和执行力，更能以不同的角度看这个世界。

我们观察孩子时会发现，有些语言发育迟缓的孩子，很难进行自我调控，语言技能越好的孩子，越容易进行自我调控。

除此之外，还鼓励大人多使用数字。

芝加哥大学一位教授对44个14个月到30个月大的幼儿进行了追踪研究。在一些长达90分钟的家庭对话中，有些孩子听到了4个跟数学有关的词汇，有些孩子听到了250个跟数学有关的词汇。一周时间，有些孩子一共才听到8个数学词汇，有些孩子听到了1799个数学词汇。也就是说，一年之内，有些孩子只听到1500个跟数学有关的词汇，有些孩子听到了10万个。研究发现，到4岁的时候，这些孩子在数学能力上就有差异了，最可怕的是，对他们的语言、逻辑、思维在日后都构成了影响。

小孩子对数字、形状、空间都有强烈的兴趣，这是老天赋予的才华。所以应该早点让孩子接触有关数字、形状、空间的词汇。孩子通过这些词汇，认识大小、长短、高低、前后……其实，数学概念、空间概念，都是语言质量的一个表现。

同样提高语言质量的还有夸孩子，多夸孩子，夸到点上。

科学家发现，表扬孩子的良好行为，能够提高孩子遵守规则的内在动力，增加孩子发生良好行为的频率。同时，相比于惩罚来说，表扬所带来的副作用小，更能够产生良好的效果。

那么，问题来了，当孩子满足了父母的期望、取得好成绩的时候，应该表扬他们努力，还是表扬他们聪明呢？请记住，一定要表扬他们的努力。因为在孩子的眼中，你所表扬的内容就是他们应该继续努力的方向。很多爸妈都喜欢这样表扬孩子："你太聪明了！"事实上，这种做法是有害的，因为这种表扬容易让孩子将获得的成绩与天生聪明联系在一起，让他更在乎自己看起来是不是聪明，而不是能不能学到有用的知识。他甚至会觉得自己就是天造英才，更加忽略了后天努力的用途。

除了夸奖，父母要做到的第二个方面，是"及时惩罚"。注意，惩罚不是上手去打，因为打孩子容易增强孩子的攻击性，长期打孩子的家长，也会让孩子养成不好的思维模式：孩子会在很小的时候明白一个道理：打人是可以解决问题的。校园暴力就是这么产生的。不过，孩子犯了错误，一定要对他进行惩罚。比如告诉他你要这样，就不能获得那个玩具，你要不好好吃饭我就把饭端走。

需要提醒的是，在进行惩罚的时候，父母一定要保证孩子拥有安全感，要给孩子讲清道理，让孩子意识到自己的错误，并协助孩子纠正错误，让孩子感受到父母还是爱自己的，是跟自己在一起的。孩子很容易感到父母是不爱自己的，尤其是在被惩罚的时候，如果在惩罚孩子的过程中，孩子觉得父母不爱自己了，会让孩子陷入自我怀疑中，这样的惩罚甚至会对孩子造成心理上的伤害，很多孩子都遇到过这种情况。

如果可以，千万不要打孩子，甚至不要吼叫。吼叫对孩子没有什么好处。

可是当很多家长想要孩子们听他说话时，就会很自然地大声吼叫。而且一般当声调足够高的时候，孩子就会因为害怕而听话，这种反应更鼓励了家长继续大声吼叫，从而恶性循环。所以最后家长们会发现，吼叫很可能会成为他们管教孩子的默认方式，同时孩子也就有了一个充满恐惧的童年。这样的恶性循环对孩子的成长一点也不好。

美国著名的亲子教育专家罗娜·雷纳有着超过 50 年的家庭育儿工作经验，她的著作《不吼不叫》里介绍了一种方法，可以帮助家长在发火之前缓解情绪。

第一步 Ask，也就是自问。要问问自己感觉如何，负面想法是什么，能不能自己改变这些负面的想法和情绪。第二步 Breath，也就是呼吸。在问自己那些问题的时候，要有意识地控制自己的呼吸。

从腹部开始，有意识地做 3 到 5 次缓慢轻松的呼吸，同时感知自己的身体，想象每一个细胞都充满了氧气。第三步 Calm yourself，也就是平静自我。用呼吸来平静自己的内心，用积极的想法代替自己消极负面的想法，让自己变得平静后再和孩子沟通。第四步 Decide what your child needs，也就是确定孩子的需要。父母要想一想孩子的个性和年龄，反思一下对孩子是不是有不切实际的期待，想想孩子需要什么，是一个拥抱还是鼓励，再想想他的行为能告诉自己什么。第五步 Empathize，也就是同理心。这要求父母换位思考，去尽量感受孩子的情绪和想法，告诉孩子你能理解他的感受。

如果有时间，你也可以找来这本书读读。

另外有个问题很有趣：其实每个人都是第一次当父母，为什么有些人当得很好，有些人却完全不会沟通呢？

答案很简单，因为有些人知道就算当了父母，学习也是一辈子的事情，而有些人当了父母，不仅自己不学习了，还在教孩子怎么学。

久而久之，两者的差距就来了，这差距，跨代传播。

内向者如何沟通

很多人都问过这样的问题：我是个内向的人，应该怎样跟人沟通？

关于内向这个话题，我很有发言权，因为我也是内向的人。

我们似乎没有办法决定自己是内向还是外向，因为这跟生理有关。但我们都知道，这个世界牢牢地掌握在外向人的手中，因为他们在表达，他们在讲故事，而内向者永远在沉默，永远看着别人在舞台中央，永远把自己的故事藏到没人知道的地方。如果《寻梦环游记》是真的，那外向的人肯定活得比内向的人要久。那么内向就注定要被世界淘汰吗？不是。内向并不可怕，但是内向还坚定地不改变，就可能真的要被淘汰了。我也曾用了很长时间去研究怎样和人沟通、怎样和不同的人沟通。还记得我第一次进教室上课的时候，台下坐了三十多个学生，十分钟后，我后背已经全湿了。但慢慢地，我忽然发现自己也不那么怯场了，遇见陌生人也能主动讲两句话了。这一切都归功于一件事：改变的力量。

改变很重要，只要相信改变，人有时候甚至可以没什么内向和外向的区分。外向的人也知道该什么时候闭嘴，内向的人也可以在演讲台上滔滔不绝。

美国的人力资源开发专家，被称为"内向型人格之王"的珍妮弗·康维勒有本书叫《内向者沟通圣经》，还有沟通达人、主持人、作家，我的好朋友尚兆民老师写的《内向者的沟通课》，都给了我很多启发。如果你还在职场中，这两本书都可以找来看。

一、什么是内向和外向

我从前不太相信内向和外向，认为这就是一些没意义的标签，因为如果你站在街上问来往的行人，你是内向的还是外向的，多半都会说自己是内向的人，少部分人分不清，觉得自己都是。

但实际上，内向和外向是有一种科学方法区分的：

如果你不太确定自己是内向型还是外向型的人，就只看在你和别人相处一段时间之后，你觉得有压力还是有动力。如果你需要时间来恢复精力，感觉自己被掏空，那么你可能就是一个内向者。而只要你和别人在一起，就能获得能量，一个人的时候反而泄气了，那么你可能是个"人来疯"的外向者。

从这个角度来看，我应该是个内向的人，一般没有社交局的日子，我宁可在家里看一本以前看过的书，看一部看过十几次的电影，也不愿意去参加什么社交活动，有时候甚至手机都不开，就躺在沙发上，能量就能瞬间恢复。

这套理论在生理学上也有解释，我们大脑里有种东西叫神经递质，在大脑中的神经通路上跑来跑去，它们负责一件事：传递信息，引导大脑中血液的流向和流量，血液流到哪儿，大脑的哪个部位就会受到刺激，从而发出信号指挥身体的行动。

神经递质又包含不同分类，其中有两种物质比较特殊，一种叫作多巴胺；另一种叫作乙酰胆碱……它们本来在不同的道路上跑着，我们在很多兴奋的情况下，比如喝酒、跑步、恋爱的时候都在分泌多巴胺，多巴胺来得快，去得也快。但乙酰胆碱的分泌不一样，它传递的是思考和长时记忆，总之，它们需要时间，走的神经通路也很曲折，途经的是大脑感受自身信息的区域。

这两种物质在每个人的脑子里都有，但不同的人，对它们的反应就不一样了，有些人对多巴胺反应不敏感，所以他们就必须通过分泌肾上腺素，来召唤更多的多巴胺，肾上腺素的分泌让他们更活跃更好动，在得到了充足的多巴胺供应后，他们感觉很爽。这就是外向的人。

相反，另外一部分人却对多巴胺高度敏感，太多的多巴胺反而会让他们觉得刺激，他们更倾向于使用乙酰胆碱，它也能让人增加幸福感，让人扫除焦虑，感觉平静。这就是内向的人。所以内向性格和外向性格的人，会倾向于使用不同的神经递质，来让自己达到所谓内心的平衡。看，人和人就是这么不一样，从基因层面和身体层面都不一样。

美国当前研究内向性格的权威专家马蒂·兰尼在自己的著作《内向者心理学》中分享过一个故事：

有一次作者兰尼和丈夫迈克差点遭遇车祸，两个人的反应完全不同，性格外向的迈克第一反应是下车观察有没有人受伤，因为外向的他，第一反应是输出式表达，于是他赶紧下车，主动接受发生的一切。而性格内向的兰尼没有动，她的身体好像定住了，她想留在车里考虑一下周围的情况，看看是不是还有危险，然后再决定要不要下车，这需要一定的时间，于是她呼吸放慢，身体麻木，一动不动。

我想起有一次开会时，房间里的空调特别冷，我就习惯性地把衣服披上，而我外向的同事，站起来就把空调关了。

《内向者心理学》一书里做了个总结：外向的人渴望得到外部刺激，他们比较短的多巴胺神经传导通路占优势，擅长短时记忆，张嘴就来，滔滔不绝，受到刺激时能够迅速做出反应，多巴胺释放出快乐的感觉，让他们想停也停不下来。内向的人需要回到长时记忆中寻找信息，需要一定的时间才能思考，需要深思熟虑才能讲话，乙酰胆碱让他们的身体慢下来，这样能储存精力，让他们在平静的状态而不是兴奋的状态中，才会感觉到幸福。

二、许多人都是内向者

你知道吗？这些名人也是内向的：比尔·盖茨、股神巴菲特、美国总统亚伯拉罕·林肯、著名的人权斗士马丁·路德·金。在中国，许多喜欢滔滔不绝的艺人，性格也是内向的。

但他们经历了什么让他们看起来并不内向呢？我想答案只有一个，逼着自己改变。

内向还不愿意说话的人在工作领域里其实很吃亏，一个内向型的人工作中主要会遇到四种挑战：

第一种，会有很大的压力。

因为沟通不顺，容易自闭，自闭久了没人说话，久而久之就只能什么都自己做，什么都自己扛。而正确的方法是一定要说出来，我在后文会讲到，就算是不爽你也要说，哪怕不说，也要写下来给别人看。

第二种，别人对内向者的评价可能比内向者对自己的评价还要低。

内向者不爱表达，但在职场里，被人评价是在所难免的。外向者遭遇不公平的评价，第一反应就是辩解，再或者去进攻，但内向者不一样，他们往往就沉默了。在职场，人们总喜欢通过看到的表象来评价一个人，而内向者的表象，就是那样平淡无奇：比如你不太想说话，其实是在深思熟虑，可别人不这么想，他们却觉得你笨、反应慢；你可能还在分析和判断或者在倾听，可别人却觉得你是优柔寡断，成不了大事；你在公众场合想找个安静一点儿的地方获取能量，别人可能觉得你是比较胆小怕事，做不了决定。这些负面标签贴到你身上，你不信也就算了，如果信了，将会是恶性循环。

第三种，可能因为不懂得经营人际关系，内向者的职业发展会受到阻碍，这比较麻烦。

我在原单位待了那么久，就从来没有跟领导谈过话。所以那个时候，我特别羡慕那些一有空就和领导谈心的人，而我总是做不到。虽然我也不后悔，但总是会隐约羡慕那些非常懂得经营人际关系的人。

第四种，内向者可能会成为职场的隐形人，不被人关注到。

这是职场中最大的隐患。因为我们做了那么多事儿，竟然都被别人抢了功劳；我们完成了那么多工作，却没人知道是我们做的，重要的是，自己也不说。

所以，内向者有必要积极改变自己。

三、内向者建立优势的 4P 法则

对于内向者来说，有一个方法很重要，叫 4P 法则，所谓 4P 就是四个以"P"开始的英文字母组成的单词。

Preparation 准备:

内向者在很多公开场合压力都比较大,无论是公开发言,还是在会议上的讨论,但请记住,准备越充分,越不容易紧张。我认识一位很内向的演说家,他曾在家里把自己的演讲稿对着墙背诵了一百遍才上的台,那年他拿了全校第一。

Presence 展示:

内向的人常常觉得,只要自己努力工作,认真做好,别人就会知道的。可是事实上是你不向别人展示出来,别人很难知道你真正的成就。因此,展示自己很重要。在工作中多表现,在领导面前多出现,低调做人,高调做事。是你做的,你就要说出来,也没有什么不妥。

Push 推动:

强迫自己走出舒适区。

珍妮弗·康维勒在《内向者沟通圣经》里讲了个故事:有一个非常内向的朋友,他很不喜欢参加聚会,可是他却推动自己一定要走出舒适区,而且每次参加聚会都给自己提出两个要求:1. 至少待够 30 分钟;2. 收集 20 张名片。

一开始很难,但当他长期强迫自己这么做,久而久之,从量变到质变,后来他成了公司里有名的社交专家。

强迫自己这件事很重要。我刚进入影视圈的时候，他们总是参加一些酒会，我有些受不了那种每个人拿着一杯酒喝一晚上讲些有的没的的场合，但有时候也没办法，要认识人，才能有更多的资源。于是我逼着自己每次要认识 5 个人以上再走。久而久之就适应了，直到今天，我至少不会那么尴尬了。

推动自己可以放在任何领域，无论是社交，还是工作和学习。如果你每天都在很舒服的状态下生活，那么，你很可能在原地不动或者还在退步。

Practice 练习：

前面提到的几个步骤都不是一蹴而就的，更不可能在短期内就成功。我想说，你一定不要相信有什么灵丹妙药，吃完就能起死回生。你需要不断地练习、刻意练习。**每一个高手在成长的过程中都需要大量练习，而内向者想要突破自己的局限，要做的也是练习。**不断地练习，才能不断地熟练，才能发现自己竟然也可以成为社交达人。你可以每次尝试和不同的人用不同的交往方式表达观点，在不同的场合讲相同的故事，看看他们不同的反应。你也可以尝试在不同的会议中用不同的策略来验证它们的效果。练习是让自己准备技能、演示技巧和推出自己走出舒适区，走向更高层级的重要环节。你练习得越多，能力提高得就越快，久而久之，就会发现，很多人还不如你。

四、内向者如何破冰

内向者在沟通中最难的应该就是破冰。所谓破冰,就是两个人从 0 到 1 的沟通。我有一个建议分享给你。

第一步,不要着急去说什么,而是提问。比如你可以问问对方是做什么工作的,工作中有什么难忘的事情吗,这件难忘的事情对他有什么影响。问得越细,对方就越能感到你的关心。第二步,介绍自己,介绍自己喜欢什么,擅长什么。这两个步骤都是为了解决一个问题,就是寻找和别人的共同话题,这样才能进入第三步,聊你们的共同话题。

内向者找到和别人的共同话题之后,才能逐渐走出尴尬的状态。我的建议可以从明星、天气、旅行这些大多数人都不拒绝的话题说起。

你可能会怕聊了半天以后没找到什么共同话题。没关系,倾听也是一种沟通。

凯伦·维克尔在自己的新书《如何在工作中建立人际网络:一个内向者的社交指南》中总结过内向者的特点:

第一,他们是优秀的倾听者。大多数内向的人,不愿意第一个开口,因为他们想先了解对方的看法,然后再表达自己的想法。其实我们慢慢发现,就算你不表达自己,只是微笑又肯定地倾听,也会给人很大的能量。

第二，他们能观察到谈话对象的行为和风格。这是建立人际关系的一个重要技能，它能够让你判断出对方的个性，比如，对方是否开放、友好、坦诚，或者对方是不是紧张、焦虑。

第三，他们有好奇心。内向者会对别人产生好奇，会去思考"人们为什么是这样"等问题。

内向者也有自己的优点，这些优点在时间的堆积下，更让人喜欢。

如果我们实在改变不了怎么办？答案只有一个，就是让自己默默发光，变得更好。你发光，就会让更多人靠近你，就好比，你愿意跟周杰伦交朋友吗？他性格很内向，我们大家知道，虽然他不怎么爱说话，但是他发光啊。

沟通锦囊：

非暴力沟通的方法：

1. 观察：从客观的角度去观察，不要去评论和下结论。
2. 感受：请把感受和想法区分开——感受是自己的情感流露，想法是自己对某事情的评价。
3. 需要：请清楚地告诉对方，我希望他们做什么——具体做什么。
4. 请求：请求对方反馈，确保对方准确理解我们的意思。如果对方不愿反馈，我们也应该去倾听他的感受和需要。

实战笔记

沟通锦囊：

内向者沟通 4P 法则：

1.Preparation 准备：
准备越充分，越不容易紧张。
2.Presence 展示：
是你做的，你就要说出来。
3.Push 推动：
强迫自己走出舒适区。
4.Practice 练习：
不断地练习、刻意练习。

实战笔记

PART 3

升级你的职场沟通能力

职场是一个复杂的环境,在学校时你可以一个人默默优秀,但在职场里,你必须学会跟人合作。

如何跟同事有效交流

职场是一个复杂的环境，在学校时你可以一个人默默优秀，但在职场里，你必须学会跟人合作。合作的核心是交流，我觉得我们有必要花一些篇幅，去讲讲职场交流的法则。无论是你跟上司、跟下属，还是跟其他部门的小伙伴交流，本质上，都属于和同事的交流。跟同事交流不同于跟朋友交流，跟朋友交流你可以随心所欲一些。跟同事不一样，很多时候你一句话没说好，"低情商"的标签就传得到处都是了；很多时候你的秘密，一转眼就被传到了公司的每个角落。这是因为你没有把握好一个度。

同事的关系和朋友的关系有着本质的区别，刚毕业的学生可以把同事当成最熟悉的陌生人，但是当你逐渐变成了主管，变成了创始人，变成了CEO，你必须学会跟公司的同事交流，这是你逃不掉的。于是，我找到了一本书，顶级沟通专家、广告鬼才、文案写作大师佐佐木圭一的作品《所谓情商高，就是会说话》。

举个例子，如果我们跟公司的同事说："去把垃圾扔了。"同事的第一反应肯定是,凭啥?你咋不去?或者他咬着后槽牙去了,也是一肚子抱怨。但如果跟他说:"扔垃圾和递交文件给领导,你选哪个?"这样对方往往就会从中选择一种,而一般人自然会选择更轻松的扔垃圾。因为见领导的压力都很大。

邀请意中人约会时,很多人会这样说:"你这周六有空吗?"

这样说的结果很难预料,若是两情相悦,人家刚好也喜欢你,那自然没什么问题,但大多数情况都是你喜欢别人,别人不一定喜欢你。所以要换种说法:"那家很有名的意大利餐厅,现在只能订到这周五或周六的位子,你哪天有空?"

这样一说,对方就会从中选择一天,例如,"嗯,周六有空"。不管选哪一天,只要对方做出了选择,约会就成功了。

再比如约会当天,忽然对方打电话说:"对不起,我突然有工作要做。今天的约会取消吧。"

这基本会让人感到绝望。

如果换一个说法呢:"对不起,我突然有工作要做,但我更想见你。"

只是换了一种措辞,对方的心情立刻就会变得不一样,原因有二。

第一个原因是:通过"更想见你",表达了爱意。

第二个原因是:通过这样的表达,使本来很简单的"取消约会",变成了"加深二人感情,把障碍归因于工作"。告知对方自己真的无能为力，工作太无奈了。

当然，本章话题并不是为了跟你分享怎么哄女朋友，如果你觉得女朋友很难哄，那是因为你根本不知道还有个更难"哄"的叫工作。下面我来分享七个方法，这些方法，在和同事的交流中都会有用。

一、投其所好

既是最基本的，也是最管用的。我们之前说过换位思考，跟同事聊天，投其所好就是换位思考。一个昨天加班到深夜的同事，今天最好不要拉着他讲昨晚的球赛；一个不爱八卦的同事，最好不要和她聊娱乐明星。去寻找人们心中想要的答案，用语言表达出来。

比如你在商场听到这么一句话"抱歉，这种衬衫只剩这一件了"，你会怎么想？

一般会有两种思考的结果：第一种是都是别人挑剩下的，第二种是这件衣服很火。那我们如果想买，我们希望是第几种答案？是第二种。所以，如果你是个店员，你应该怎么说，绝对不是第一种，而是"这种衬衫卖得特别快，这是最后一件了"。

想要说服别人，就要去思考对方想要什么，然后把话往那个方向引。

比如在飞机上，空姐在分配餐食的时候，经常由于乘客大多优先选择牛肉，所以导致鱼大量剩余。新人空姐往往不知道应该怎么办，在新人空姐不知所措的时候，一个前辈说道："看我的！"于是她说了这么一句话："机内供应有优质香草、富含矿物质的天然岩盐和粗制黑胡椒嫩煎而成的白身鱼，以及牛肉。"

这样的表达就是先站在你的角度思考你想要的是什么，再用我的语言去思考怎么到达你的内心深处。

我曾经问一个要离职的员工离职的原因，她说，自己不适合。后来我这么跟她说："我知道公司有很多问题，有时候我也很难受。"刚说完，她眼睛突然红了，跟我讲了很多真心话。直到今天，我都很感动，虽然她已经离职，我们也一直在联系。

二、做其所恶

人都有自己厌恶的东西，比如在职场，大家最厌恶的就是发微信不回。并且无论你说什么，大家总有理由告诉你为什么没有回复。遇到这种情况你可以这么说："因为不回微信导致的各种问题不计其数，希望大家重视。"把这么做的后果说出来，自然会少很多麻烦。

生活中我们也见过很多类似的沟通法则，大家应该都见过这样的警示语："请勿触碰展品。"

展示方不希望有人触摸展品。但总有人手欠，一定要碰一下。为什么呢？因为人总是有逆反心理，你不让我碰，我偏要碰。

如果像下面这样写呢？"涂有药品，请勿触碰。"效果就能好很多。当你不想让别人做什么的时候，要把坏处说出来，这就是"儆其所恶"。明确警示对方，千万不要这么做。

这种沟通还能放在生活里，《所谓情商高，就是会说话》里讲了一个结婚已有二十五年的安藤由衣（化名）的故事，她这些年一直在独自生闷气，因为丈夫上完厕所总是不合上马桶盖。如果马桶盖开着，由衣担心家里养的猫会去马桶里喝水，所以她每次都得提醒："合上马桶盖。"丈夫会听吗，绝对不听。由衣也曾想过放手不管，但后来她学聪明了，用了一种不同的方式去沟通："听说不合上马桶盖会失去财运哦。"第二天丈夫就主动把马桶盖合上了。

还有一个故事。在一个餐厅里，有一群带着孩子的妈妈以及很多工薪族就餐。店员很头疼，因为孩子们不光吵闹，甚至还离开座位，在地上跑来跑去。店长齐藤来到妈妈们桌前，向正在愉快交谈的妈妈们提出请求："为了避免打扰其他客人，可否请你们让孩子坐在座位上？"

可是妈妈们只提醒了两句就不管了。姜还是老的辣，齐藤讲完情况，又说："刚做好的菜很烫，如果端出来的时候被撞洒了，会给孩子造成很严重的烫伤。可否请你们让孩子回到座位上？"果然，妈妈们立刻让孩子都回到了座位上。

在生活中也是一样。把对方讨厌的后果说出来，效果会好很多。比如一家书店的老板为了防止别人偷书，写了个标语："偷窃是犯罪！"没用，后来他咨询了作者，把新公告改了："多亏大家的协助，我们捉到了盗窃犯。谢谢！"结果，偷书行为急剧减少。因为这样说能造成极大的威慑力。

再比如，如果你是家长，你跟孩子整天说要好好学习，其实也没用，但可以告诉孩子，不好好学习的后果是什么。这用的也是这一招。

三、选择的自由

与人交流的过程中，单独发问一定没有给予选择后再发问好。比如你问同事："要不要来份甜点？"多半人是不会要的，尤其是不喜欢甜食的人。但如果你这么问："甜点有杧果布丁和抹茶冰激凌，您要哪种？"同事多半会下意识做出选择。当然也会有人说，我都不要，但没关系，你多给他几个选择，白开水、白酒、红酒你选一个？归根结底，这种"选择的自由"是由对方决定如何选择，如果对方能产生"自主选择"的意识，被迫的感觉就会减少。人的大脑很喜欢偷懒，所以要让他们少做决定，多做选择。

四、被认可欲

这一点在职场里，格外重要，尤其是对老板。我们一直以为被认可这种感觉应该是下属更需要一些，其实不是，老板比下属更需要。

女孩子请注意，如果老板排第二，老公应该是第一，因为老公比老板还需要被认可。

比如妻子经常会请丈夫帮忙做家务："你把窗户擦擦！我忙不过来。"丈夫会来吗？可能不会，因为很多男人从来不做家务，所以我们需要换一个方法。

"咱们家就你能够到那么高的地方，只有你能把窗户擦得更亮。快来帮我！"

这样一说，丈夫至少会跃跃欲试，当利用了"被认可欲"，虽然并不能百分之百保证丈夫会擦窗户，但至少不会令他感到不快。这就是心理学中称为的尊重需求。我们做老师的也经常用这招，不要总跟学生说，你这都不会，可怎么办啊？要说，你肯定能做到，我们期待着。在工作中，如果请同事帮忙，可以试试这样："这事儿就你能做，看能不能帮帮忙啊？""我也是没办法了，才请你这位大神出山的。""我是找了很多人，他们都推荐你。"这就是人的被认可欲，我觉得被认可欲是天生的。有一次，我2岁的外甥来我家，我正在厨房里做饭，看着我端菜出来，我姐姐说："饭团儿，去亲亲舅舅好不好？"饭团不理我，继续玩着小猪佩奇。我姐姐继续说："看舅舅多辛苦，只有你可以给他力量哦，快去亲亲舅舅。"结果他奇迹般地跑来，我蹲在了地上，他的头碰到了我的脸。

五、非你不可

所谓非你不可，在爱情中就是一句话：只有你是最特别的。别小看这套交流的策略，它在职场里也屡试不爽。

比如你约一个同事下班喝酒，你简单地说："去喝酒吧！"

对方多半会反问："为什么要去喝酒？"或者他不说话，但态度很明确，直接拒绝了。

但如果说："尹延，你不来不热闹，你务必得出席啊。你不来这局不成立！"然后再给石雷鹏发信息："石雷鹏，你不来不热闹，你务必得出席啊。你不来这局不成立！"其实这是把一条信息发给了所有同事，只不过改了个名字而已，结果，当天全员到齐。

这就是利用了"非你不可"这种心理学，希望尹延和石雷鹏老师看到这儿不要打我，我只是举个例子。

所以，组局时千万不能群发，要一个个邀请。

一般人都喜欢"非你不可"的特殊感，听到这样的话，就会感到一种仅限自己的优越感，从而乐于回应对方。

反着想，逢年过节最讨厌的是什么人？群发短信的人。你群发干吗呢？不也是为了送去祝福吗？为什么不能多花点时间呢？

第一你没走心，第二你在浪费流量和别人的时间，还不如不发。发祝福短信，最好带上名字，这是一种起码的尊重。

如果你是做服务工作的，请注意：最好可以记住别人的名字。

我通常喜欢在晚上跟人约顿饭，一般我去吃饭，服务员见到我最多会说"你好先生，欢迎啊"……但在北京有一个吃小龙虾的餐厅，虽然很贵，可我经常去，因为每次去的时候，那个服务员都这么说："尚龙老师，今天还点十三香味的小龙虾吗？"

我感觉自己成了VIP，这就是"非你不可"的感觉。

这种"非你不可"的沟通方式如果放在谈恋爱中，更管用。

女孩子问，你喜欢我什么？

你说，只要是你，我都喜欢。

工作和我谁重要？

对不起，因为是你，我不知道该怎么选了。

你妈妈和我都掉水里你先救谁？

天啊，小美，我没想到，我最爱的你，能问我这个问题。

六、团队化

什么叫团队，简单来说就是自己人。

当你跟别人提出一起做点什么的时候，往往比较容易说服别人。

我在读军校的时候，队长讲过一个故事，如果一个连长开口说"给我冲"，多半大家的士气不高，但如果连长说"跟我冲"，士气会高很多。因为"跟我冲"意味着我们是一个团队，这就是团队化的沟通法则。

曾有个女孩劝从不爱运动的父亲："多运动运动吧。"因为父亲体检后发现身体有问题。

父亲就是不动如山，女儿很聪明，她这么说："我想夜跑，但自己一个人害怕，你能不能陪我一起跑？"果然，爸爸开始陪着女儿一起跑步了。利用"团队化"，能使对方产生伙伴意识，即使是麻烦的请求，也会乐于接受。

我自己的团队每次给我汇报"麻烦"和"困难"的时候，说实话，我有时候自己也不知道该怎么做。但我会告诉他们，没关系，我们一起慢慢摸索，谁叫我们是一个团队呢。

七、学会说感谢

不要小瞧这简单的两个字。其实在你说的话里仅加一句"谢谢"，就能瞬间拉近自己与对方的距离。

比如你跟同事说"把桌子搬走"，效果往往不好。

你只需要改成："把桌子搬走。谢谢！"就能好很多。还是不够，就再加一句："谢谢啊！""谢谢"两个字的威力很大，尤其是对于陌生人，"谢谢"两个字一出口，首先潜意识让人感觉，这都感谢我了，举手之劳我要帮；其次让人产生信赖意识，从而难以拒绝。

但如果你跟很亲的朋友说"谢谢"，就很可能出现如下的对话：

你说，谢谢；他说，咱俩谁跟谁，别说谢谢了；这时你要赶紧说，那好,下次我不说了。但你记住,下次你还是要说"谢谢",为什么,因为礼多人不怪。

一个人习惯不说"谢谢",人家一定会觉得"是不是觉得我帮你是应该的"。礼貌点总是没错的,尤其是在职场,在一个成人的世界里,再好的关系也要谨慎维护。

以上这七条都可以试试,一般说服别人可以几条相互结合。"投其所好"和"被认可欲"这两点尤为重要,是生意场、职场上、商界上的利器。

向上管理与沟通

和上司的关系，本质是和他的交流。

别觉得这句话是废话。我们后文会用到。

和领导交流被称为向上管理，没错，管理不仅是从上向下的，对待领导，也有从下而上的管理。所以，你需要学会跟领导沟通交流。

盖洛普公司2015年的一项调查显示，75%的员工的离职原因是：没办法和自己的上司处好关系。

可惜，我们没办法选择我们的上司，因为上司不是我们自己选的，而是组织选的。

你不喜欢自己的上司没关系，因为上司不是为了让你喜欢而存在的。但很多人即使不喜欢上司，仍然非常尊重上司，因为他们知道自己尊重的不是上司本人，而是组织对上司的授权、是管理体系对上司的授权。**尊重上司本质上是尊重组织，也是尊重自己，同时也是职业素养的体现。**我见过那种当众和上司吵架甩脸走人的员工，还有那种离职后在微博上骂骂咧咧的员工，这些人的做法本质上都是自己吃亏，虽然离开了公司，却没有离开江湖。要知道，许多行业的上层是相通的，他们还经常坐在一起喝酒呢。

我们先定义一下上司：**上司不是什么都在你上面，而是你和他有共同的目标，你们像是一支球队，只是打的位置不同而已。**所以你的功劳就是上司的功劳，上司干成的事也会分你一杯羹。而越大的公司，管理越规范，越难遇到那种上司让你拿盒饭的事情。大家开展的往往是业务上的合作和指派，对于刚毕业的大学生，我的建议是，如果可能，去大城市，去大公司，相对会更规范一些。

接下来，我们来分享几招向上管理的沟通法则：

一、有什么我能帮你的吗

请注意，我用的是"帮"。换句话说，没必要低声下气，我们是平等的，我是来帮助你的。

号称史上最强硬 CEO 的杰克·韦尔奇有一个助理，跟随他 15 年，在韦尔奇退休后又成为他私人公司的合伙人和副总裁，被《纽约时报》称为杰克·韦尔奇的"秘密武器"——她就是罗塞娜。她写过一本书，叫作《支撑》。

书里核心思想只有一个：向上管理的最高境界，就是支撑。支撑就是帮。

所以，我们和领导沟通的核心只有一个：有什么我能帮你的吗？

没想到吧，领导也需要人帮，大家既然是一个团队的，每个人都需要别人的支持，其中最需要别人支持的，就是领导。在创业初期，我经常会跟几个部门领导吃饭喝酒，聊天的时候我总是会问一句话："你这个项目有什么我可以帮忙的吗？"这句话说出来，往往都会得到更多反馈。

我们作为员工，要说的话、做的事就是支撑他。弥补他的短处，支撑他的长处。如果他擅长做什么，我们就支撑他，让他放手做，知道他不擅长什么，就帮助他去弥补那些缺点，主动和领导互补。我原来有个助理，大学刚毕业，什么都不会，说想在我身边学习学习，从某种程度来说，我也应该算他的老板。结果他跟我越学越像，在我跟别人发脾气的时候，他的脾气发得比我还大，完全不顾及别人的感受；在我说好话的时候，他比我还软，完全没有互补的意识。当然，干了没多久他就走了。其实正确的方式应该是这样，当我开始发脾气时，他应该做的是立刻理性起来：龙哥别生气，你们也是，怎么能这样。这才是一个团队应该做的，支撑老大，是要以办成事情为核心去支撑他，互补就是一种支撑。

那问题来了，为什么要支撑自己的领导呢？请记住，因为无论你是否承认：他成功的概率比你大。他的资源比你丰富、经验比你多，信息比你广泛。所以他的成功，也就是你的成功。

二、及时回微信

我们在家时,往往不会优先处理工作上的事情。但在职场里,一个人如果每次交代给他的任务他都没有回应,很容易直接被打入冷宫。

领导交给你的任务,你都要有回应。比如他让你帮他寄个快递,你寄完后至少应该告诉他:"我寄完了。"如果再细点,可以把单号发给他。

随时跟领导回应并不是拍马屁,我们这样做只是给他省时间,让他去思考更重要的决定。其实从90后开始,已经不太会对领导弯腰曲背了,但完全不尊重领导也不好,我的建议是,尊重领导没什么丢人的,领导跟普通员工一样,只是位置不同而已,保持起码的尊重是应该的。在这里我不讨论逢年过节要不要送礼的话题,因为送不送都是你的自由,但至少,你应该记住他孩子的名字,这个简单的举动,就能拉近彼此的距离。我们上一讲讲过"被认可欲",就是作为一个普通的人,也喜欢被人认可。

佐佐木圭一在《所谓情商高,就是会说话》中还说过,如果你希望上司提供建议,你最好的沟通方式应该是这样:有件事需要马上做出决定,我想请您指点一下。

这种"只有您可以做决定"的话外音,也是我们向上管理的关键。

三、公开支持，私下批评

这简单的 8 个字看起来平淡无奇，但做起来很难。我们多数人都做反了：私下支持，公开场合批评。公开支持很重要，在创业这么久后，我深知公司管理层有很多问题，可我从来不在公开场合说公司不好的地方。但私下会议里，谁都知道我是那个最敢批评的家伙。批评也是一种支撑，但公开场合的服从也很有必要，尤其是有外人在的时候。

为什么唐僧不喜欢孙悟空？在职场，有一个亘古不变的原则：上司都喜欢服从的下属。孙悟空总是挑战唐僧的权威，他想怎么样就怎么样，所以你去看《西游记》就会发现，任何时候，只要孙悟空觉得不对，他就只按照自己的意思去做，唐僧作为领导当然觉得没面子，所以动不动就念起了紧箍咒。作为下属，猪八戒的服从是正确的，虽然他并不是一个好员工，但如果领导一定要裁掉一个人，多半是裁掉孙悟空。所以，当你和上司意见不合的时候，不要当众去给你的上司难堪，直接反抗他的命令。

如果真的和上司发生了冲突，也别怕，但最好能发生在私下。对事不对人，好的领导是会明白的。

四、定期沟通

沟通不是一次的事情，要定期，比如一周一次，哪怕一个月一次。沟通前可以写个大纲。

脸书首席运营官雪莉·桑德伯格就是向上管理的高手。面对比自己年轻许多的上司，刚加入脸书的桑德伯格就与扎克伯格商定：每周双方做一次面对面的工作反馈。这里多说一句，这个时代的变化比我们想象的还激烈，你当然有可能遇到比自己年轻的上司，那怎么办呢？不要倚老卖老，参考以上攻略。再说桑德伯格，最初几年，他们每周五下午 2 点都见面，并且事无巨细地谈论双方所关心的事情。"几年下来，分享真实的意见已经成为我们关系当中很自然的一部分，我们现在随时会这么做，而不必再等到周五了。"桑德伯格接受媒体采访时这样说。

沟通的过程中，也可以跟上司多分享一些知识、技能和资讯，比如下次跟上司沟通前，可以带本书去，推荐他看看。同时也可以分享胜利的果实、荣誉甚至是失败。别忘了，你们是一个团队的。

适当地让上司了解你的工作进程，不要事无巨细地汇报，但对重要工作可以定时征求上司的意见和建议。这样做，一方面可以帮助你调整工作重点和方向，另一方面也可以让上司了解你的想法和成绩，为今后升职加薪做打算。

五、发邮件预定他的时间

领导最宝贵的不是他的衣服,而是他的时间。发个邮件预约一下,表达这次沟通的重要性。仪式感很重要。现在有了钉钉,可能更方便了。

在沟通之前先要考虑到对方的背景情况。如果每次都采取一样的沟通方式,那么你肯定会遇到麻烦。了解上司的处境,比如他正在焦头烂额就聊些轻松的;比如公司正在被并购,就聊些你知道的甲方消息;比如你们公司最近正在盈利,就可以聊聊涨工资的事情了。

为什么建议你和领导沟通要写个提纲?

首先,要谨言慎行,这个在职场里很重要,病从口中进,祸从口中出。其次,在发言之前要综合权衡,不需要说的话,坚决别说,须知:任何话说出去就如同泼出去的水,你很难确保它在传播的过程中不变味儿。

领导的时间很宝贵,在麦肯锡有一个实验叫"电梯测验",就是说,你的方案,要能够在电梯运行的 30 秒之内向客户或者上司陈述清楚。这也就要求你对自己的内容熟记于心之后再去和别人交流。

那 30 秒够吗?

麦肯锡通过长期的管理咨询实践,得出了一个结论:只要你对你所要讲述的这个事情足够了解,30 秒是肯定足够的。而且,如果你真的能够在 30 秒内把自己的方案讲清楚，上司也会对你刮目相看，成功的概率也会更高。

六、要在玩的时候，跟他沟通

讲到这儿，也回答一个问题，有朋友问：我和领导打麻将（打篮球、踢足球），应不应该赢？答案就藏在了开头，还记得那句话吗？和上司的关系，本质是和他的交流。

换句话说，赢不赢都不重要，要在玩的时候，跟他交流。这才是最重要的事。

如何和下属沟通

如果你刚进入社会，也不要觉得这一节内容离你很远，因为一个人到了30岁左右，往往就坐到了管理的位置。当一个人到了30岁，还没有在一家公司做到管理的位置，那他要不已经成了某个领域的专家，要不就是事业已经开始走下坡路了。

而做管理就涉及如何跟下属沟通，这是一个很重要的学问，因为现在这个时代，你不理解你的下属，就会忽然遇到下属辞职、下属变动、下属找你涨工资、下属忽然背叛你等一系列事情，这些忽然的炸弹，会把你炸到措手不及。考虫就遇到过这样的情况，有两位老师忽然离职，事前谁也不知道。事后我们才知道，是他们的直属领导和他们长期缺乏沟通，其实，他们离职的想法早就有了。

所以，要多和下属沟通，了解一下他们的想法，以不变应万变。而下属迷失了自己的价值观，变得和公司的大方向不一样，就是领导的责任了。

卡普兰在《哈佛商学院最受欢迎的领导课》一书中说：员工之

所以和你产生矛盾,这是因为你没有向员工传达公司的愿景是什么,也就是说,员工并不知道公司发展的目标是什么,公司有哪些特别之处。所以优秀的领导者在带领团队实现目标的时候,首先会向员工清晰地描述公司的愿景。员工不知道,就会混日子,这很正常。

和下属沟通也称和下属谈心,它的核心只有两个:一、我和公司(部门)现在是什么状态;二、你现在是什么状态。

第一个是你要跟他更新的,第二个是他要跟你更新的。你的下属,其实就是你的左膀右臂,和你有着共同的目标,当你发现你们的目标开始有分歧时,最好的方式就是抓紧谈话聊天。能改变他的想法就及时改变,不能改变要抓紧止损,毕竟,同事就是一支球队,大家的目标是一起打赢一场球。不能打的赶紧交易走。职场不是过家家。

除了跟他更新你的想法,为什么还要让他更新自己的状态呢?曾经有个朋友突然跟我说公司过两天需要一个新的内容总监,希望我能帮忙推荐,我很诧异,他之前的那个内容总监很优秀,为什么要招聘新的。他说,因为他通过谈话知道,内容总监的太太和孩子搬到了上海,他又是一个很顾家的男人,所以他辞职是早晚的事情。果然,几天后,他的内容总监递交了辞职信,他请人家喝了顿酒,还告诉人家欢迎常回家。第二天,新的内容总监来到了公司,他们不紧不慢地交接了工作。

这就是好的领导,懂得提前考虑,不被下属的变动杀个措手不及。

一、和下属沟通的技巧

跟下属沟通归根结底要讲究技巧，你可以用这么几个问题概括：

1. 发生了什么？

和下属谈心往往都是因为有事，可以先直奔主题。

2. 你怎么看？

请他表达自己的看法。这个时候，你倾听就好。

3. 你都试了哪些办法？

不要光听他的抱怨，还要看他和他的团队用了什么办法。

4. 有什么我可以帮助的吗？

一般和下属谈心，往往都会聊到一些事情，有时候他不好意思找你求助，你应该主动去问。

5. 还有吗？

一定确保他把自己的话说完，你再让他走。每次交流，都应该至少解决他的问题。

请记住：下属的表现不仅是他的能力，还有他的心理素质。

我们刚进入一家公司，来到一个组织，为什么往往发挥不出自己的全部能力，第一是对新环境不熟悉，第二是每个办公室都有自己的规则。很多员工在做一件事情的时候会担心自己触动哪个部门、哪个人的利益，所以没办法注意力集中地发挥自己的专长。

让每个员工都能充分发挥自己的专长，是领导应该思考的问题，但这一点很多人都没做到。所以我们经常看到一个很普通的员工，一换公司，忽然如鱼得水，上天入地，无所不能，前公司的领导只能后悔莫及。

除了谈心，对于领导而言，沟通还是一次"再面试"。许多员工在公司这段时间，不仅没有进步，还越来越不适应环境，甚至越来越消极，那就要随时做辞退他的准备。把一个害群之马放在团队里，只会让那些努力工作的人感到不公平。在职场里，不要养闲人，因为职场就是战场，所以随时"再面试"很重要，人是会变的，变化的速度，绝对超出你的想象。

你的下属除了是你的下属之外，还是你要培训的对象，除了让他干活，还要带着他进步，与他沟通时，还需要注意把事情交代清楚，不要模棱两可让人去参悟。

二、沟通的三个步骤

1. "是什么"，是指我接下来要你做的是什么事，越具体越好。
2. "为什么"，是指这件事对公司或对你个人的意义，说明重要性。
3. "怎么做"，是指我建议你怎么做。注意，是建议，不要规定他怎么做，每个人都有自己的操作方法。你只需要管结果，过程最好别参与，除非他的过程产生了其他的恶果。

必要的时候，还要请他重复一下。在布置任务的时候，别怕重复，日本便利店 7-11 的创始人铃木敏文，甚至提出他和下属布置工作，要说三遍。他说一遍，下属复述一遍，下属刚转身要走，他又把人家叫回来，再听下属说一遍。作为领导，很忌讳这句话："不要让我说第二遍。"这样你和下属的距离会越来越远。

如果下属不找你谈话，你也要主动去找下属聊。如果你觉得太正式，就找个地方请他吃饭喝酒喝茶，放松点儿，别高高在上，你会听不到大家的声音；别显得内向。你主动点，下属就不会太被动。

尤其是当你发现下属的状态有些反常的时候，比如下属平时很温和，突然在开会或布置任务时表现出很激烈的情绪，甚至忽然说脏话骂人，或者忽然发了条像是针对谁的朋友圈，他可能是在业务推进过程中遇到了很大的阻力。要找他谈话问清楚，必要时也可以提供帮助。

如果你的下属工作效率突然下降，心不在焉，也要找他谈话。从自己的角度提供一些帮助。

有个有意思的事情：如果你的员工突然工作特别努力，他也可能是准备换工作了。因为有的人临走之前希望努力为老东家多做一点事，留下个好名声，让别人知道自己是多么敬业。

总之，经常在一起聊天，好处多多。如果可以，甚至可以拉着下属下班后吃个饭，打场球，跑会儿步，吃根雪糕，了解一下他除了工作外的状态，尤其是吃饭的时候，说不定能有更多的发现。

吃完饭，喝了点酒之后，有很多工作场合不适合讲的话，忽然就适合了，但少喝怡情，大喝伤身，不要酗酒。

下属酗酒，变得突然有攻击性，到处借钱，觉得有人针对他、害他，说话语无伦次，精神状态不好，都要尽快和下属谈话。

有一点也很重要，要注意谈话时间。

谈心的时间不能太长。如果有看过心理咨询的人就会知道，咨询师只会给你50分钟的时间，最长不会超过1小时，美国很多心理医生就给你10分钟到20分钟的时间。太长反而没有什么用处，适得其反，人精神高度集中能保持的最长时间大约就是1小时。谈心最好也以这个时间长度作为上限。

到时间就主动结束沟通，下属不敢结束，你要及时结束。

三、不要忌讳跟下属聊工资和待遇

作为领导，不要忌讳跟下属聊工资和待遇，不要绕弯，大胆地去聊。聊完用邮件确定，跟下属聊工资不丢人，不聊钱光聊情怀这才讨厌，现在年轻人多聪明，谁还看不懂你想使用廉价劳动力？

领导可以尽可能维护自己的利益，也要给年轻人多争来一些利益，跟年轻人谈钱，年轻人才会尊重你。其实现在这个时代的年轻人已经很清楚自己要的是什么了，也很清楚地知道工作不高兴是常态，所以他们更尊重那些为自己争来利益的领导。升职加薪是不可躲避的事情，下属要想得到更多，你应该鼓励他，但是相应地，他也必须要付出更多。说实话，能够被工资激励的下属，管理起来反而容易。

适当的时候，还要跟员工聊生活，比如大多数的中年人会渴望掌控自己的生活，渴望受尊敬，还希望发展兴趣爱好，注重子女教育。大多数年轻人更在乎自己的将来，你也可以跟他们聊聊理想和自己是怎么从他那个样子一步步走到了今天。

如果你还不是领导，别着急，等你30岁时，把这篇文章再找来看看。

怎样要求升职加薪和辞职

在职场里有两种比较胶着的对话，就是要求升职加薪还有离职，一个朝里，一个朝外，都跟人的状态有关。我之所以不说一个朝上，一个朝下，是因为很多时候，离职不一定是坏事。树挪死，人挪活。

我们先说加薪和升职的沟通法则，无疑，跟领导谈升职加薪是很难的，因为升职需要有空闲的岗位，加薪需要你提供更多的价值。而女性在职场提出这些，成功的可能性更小。

根据某求职公司 2016 年的一项研究，男性经理人谈加薪的成功率是女性经理人的三倍。这个是题外话，对于女性，职场对她们来说更艰难。

那是不是我们就不提了呢？不是，一定要提，但要讲策略。你不提，原则上老板不会给你涨。除非你遇到了好老板，一直在关注你的成长，在乎你做的工作。

一、提自己的价值

我们之前说过向上管理，对于你来说，你可以每周或每月总结自己的成绩，跟老板多沟通，以免疏漏，同时尽量量化你的工作成果，用书面和口头的形式跟老板表达，这些表达都指向一个结果——我做了什么、我有什么价值。聪明的老板会逐渐发现你的不可替代性，接着升职加薪也是可能的。

除了跟老板汇报你的价值，还要了解你自己的市场价值。所谓市场价值，就是跳出公司，在整个市场上的价值。比如我是个老师，我不仅要知道我在考虫一个月拿多少钱、做多少事，我还要看我在教师这个领域和行业里的价值，因为谁也不可能在一个公司里待一辈子。更何况，了解自己在外的价值，是跟老板谈判的前提，因为能跟人谈判的底线，就是你可以转身走人。

这里多说一句，价值不等于工资，还有其他的东西。比如期权、股份、休假、公司福利，甚至如果你刚进入一家大公司，也可以不要那么高的工资，学习机会更重要。

哈佛商学院的教授迈克尔·惠勒在《谈判的艺术》一书里说，谈判时我们要学会识别等效交易。

什么是等效交易？换句话说，成人的世界里，没什么情绪，只有对等才重要。我们在后面会说到有效社交，有效社交，有一个公式：**只有等价交换，才能有等价感情。**

听起来虽然残忍，但这个在职场里你无法避免。

《谈判的艺术》里强调谈判的动态持续过程，比如你想要年薪10万美元，对方不愿意给出这样的高薪，那这个时候你就只能放弃吗？不是，如果对方不能满足这么高的薪酬标准，你要想到可以提什么补偿要求来弥补这一点。比如提供股票期权或者更好的福利、更多的假期，等等。在这样的思路下，你也可以制定三个等效的交易：交易 A 就是 10 万美元薪水和标准福利；交易 B 是 9 万美元薪水和标准福利，再加一些股权激励；交易 C 则是 12.5 万美元的薪水，但是可以接受无福利、无股权。

有时候，你涨的工资也可以用其他的方式去结算。在熊太行老师的《掌控关系》里提到一个解决方案：考虑到自己的薪水会因为提升之后被收取更高的个税，到手的没有想象的多，所以相对而言，更聪明的办法可能是选择和公司共同进步，比如请求公司提供一些培训、参加公司组织的旅游度假或者附加上本人和家人的健康保险。有时候，这可能比拿了现金再去购买这类服务划算得多。

总结一下：跟领导谈加薪你可以这样开口，我这个岗位的市场价值是多少，我认为我值这么多钱，原因有哪些。接着你就可以介绍你的工作成绩，也可以说说你和公司的过去，以及对未来的展望。

不要说自己多么不容易，因为成年人的世界里没有容易的，老板可能比你还不容易，你是来工作的，不是接受施舍的，更别拿别的机会来威胁老板。即使手上有别的公司的录用通知，也不要拿来跟老板谈价格，如果对方开价很高的话，你可以上调自己加薪的预期价格。也不要提别人的薪水，因为这在公司属于不能知道的事，公司里每个人的工资都应该属于绝密的信息。见了这么多次涨薪的案例，我总结出一个观点，老板给你加薪只有一个理由：你值这么多，而不是你需要这么多。职场里，没人管你需要什么，只看你值多少。

二、跟老板谈

让对话围绕"我们"展开。我在电梯里看过一个广告，不断重复着"跟老板谈"，其实这个广告打的刚好是痛点，因为跟老板谈是最直接最有效的沟通方式，你应该直接和你的老板谈，而不是跟人力资源部门的任何人谈，理由也很简单，中间少一些人，能少很多回旋的余地。而老板躲在后面，许多"不"也会随之而来。

三、提数字

谈加工资，不要光说想法，要说具体数字，不说数字，也要有一个大概的区间，比如我希望月薪五万，如果达不到，至少也应该是四万。区间不能太大，底线在心里有数就好，别上来就跟老板说：没有五万，五千也可以。研究者发现，在加薪谈话中，给出精准数字的员工，成功率更高。因为这样会让你听起来是做足了准备才来的。

给领导尊重，也是给自己尊重，从数字开始。

四、提前演练

简单的四个字却包含着巨大的能量，就好比当老师，如果这门课你不自己在家提前讲一遍，第一次上讲台肯定会有很多疏漏，比如哪个知识点忘讲了，哪个知识点讲完对方没懂。提前演练相当重要，首先大开脑洞去想，老板可能会问什么问题，尽可能多地列出来，列出来之后，再针对这些问题去想，怎么回应才是最好的。甚至可以和家人或朋友进行角色扮演，对方扮演一个固执的老板，不肯涨薪水，你就努力说服他。练得差不多了，你才算是做好了上场和老板谈加薪的准备。

五、关于时间

作家丹尼尔·平克综合了心理学、生物学和经济学的研究成果，在新书《时机管理》中说：如果你要去医院的话，不要下午去；如果你想谈加薪或面试，最好上午去，因为老板在上午时精神好、心态比较开放。所以，时间很重要，再补充一下，不要在周一、周五和大清早去谈加薪。周一上午是开会的时段，一般大家都比较忙，而周五是人们准备松懈的时间，你去谈，往往效果不好。最好的时间是周三和周四的上午。另外，你最好事先预约一下，不要对老板突然袭击，让老板有时间做一些准备。

说完了升职加薪，再来谈谈离职。

离职的原因表面上看有很多，但其实离职真正的原因通常只有两个：伤了心、伤了钱。但请记住，别把这个说出来，这是情商低的表现。你哭着对其他人说，我走是因为我伤心了，因为工资低，这简直是小孩子干的事。

怎样跟领导、同事说离职呢？答案很简单：我出于个人原因要离职，觉得工作太忙、路途太远、顾不上家里、想转行、想留学、想换城市。

个人原因是最好的，别说任何人的过错。只有一种情况你可以公布自己的下家，那就是下家比现在的公司强大很多、不在同一个行业，或者在另一个城市，与本公司没有直接竞争关系。比如你是个英语老师，转行干IT去了，没关系，大胆公布，谁也伤害不了。

在结束一段旅程时，请一定要表达感谢：我很感激公司、很感激领导您。希望您能批准我的辞呈。

还可以加一句：如果公司需要的话，我可以帮助推荐人选，我会交接好自己的工作，需要的话，我可以在这里继续顶一个月。

这句话一说，你就仁至义尽了，江湖上都会是你的赞歌。

许多员工离职，弄得大家都不开心。不要说前公司的坏话，划不来，这不是谈恋爱，这是你的职业生涯。谁都知道你肯定是不高兴了才走，那就别从你的嘴巴里说出这家公司的不好了吧。

如果领导说，你再考虑考虑，你要说："我已经考虑清楚了，我还是希望离开，希望以后能有机会再和公司合作吧。"

如果领导说，你对公司的管理、文化，有什么意见吗？

对他来说必须要问，对你来说不要说。

你的答案应该是："没有，我很喜欢公司的文化，我是出于自己的缘故……"

不要提意见，不要发泄，不要渲染情绪，更不要借机报复，说实话没必要，毕竟人走茶凉。

有些不靠谱的领导会因为你变成了前员工而出卖你，甚至把你批评其他同事的话说给他们听，你从此在老单位就臭大街了。（别问我是怎么知道的……）

我曾经认识一个人，她从单位离职时，给每个人都发了封邮件，表达某领导是个傻×，这样的做法就非常有问题。果然，所有人都没回复她。用脑子想想就知道，你走了，可别人还要在这儿工作呢。

多说一句，经济环境差的时候，尽量不要辞职，就算辞职，也要做到骑驴找马。骑驴找马的前提是，不要虐待驴。

你也可以请领导私下吃饭，尤其那种老师角色的领导。而那种自己请客带着全部门欢送你的领导，非常会做人，要珍惜。

如果你的下属因为去留学或者读研而离职，大家吃饭都会很开心。因为下一次相逢，你们会在更高处，还是那句话：树挪死，人挪活，人往高处走，水往低处流。高处见面，不好吗？

如果你去的是竞争关系的公司，或者没有明确自己的去向，那就悄无声息叫几个关系好的同事小聚一下好了。

开工之后，偶尔回来看看，带着项目，聊着合作，带两瓶好酒，哪怕带点水果，维系一下关系。要知道，很多同事和领导是特别重要的资源。但也可能你跨行后，走得很高了，就不再联系了，没关系，分别本来就是人生的主题。

最后讲一个故事。

我们都看过《三国演义》，关羽和刘备走散，投靠曹操，后来他又听到了刘备的消息，于是决定从曹操那边离职，我们看看他是怎么做的。

关羽先是为曹操斩了颜良、文丑，立下汗马功劳，随后他提出辞职，接着在一天默默地离开。这个过程，其实堪称离职典范，为什么呢？

1. 好的离职时机。

除了金三银四，高级人才跳槽的最好时机是完成一个阶段性任务，立下点功劳以后。这个时候，公司刚好还在盈利，也没人说你落井下石，你的离开，反而成就了大侠伟业。

2. 一个无法拒绝的理由。

为什么要离职？你的理由一定是自身的。关羽的理由很简单——忠诚。从一而终，你曹操就算再怎么想留我，也不能毁掉我的"忠诚"吧。现实生活也是一样，出于自身原因……

3. 正确的辞职对象。

还记得吗？要向直属领导辞职，别越级，越级搞得像投诉，对HR说，则好像你和直属领导的关系已经没法好好说话了。所以关羽只和曹操把话说清楚后就离开了。

4. 静悄悄地走。

关羽走的时候，没有跟任何人说自己要走了，没有生事，没有声音，只留下一个背影和对未来的憧憬。

5. 念旧情。

后来在华容道，关羽见到了昔日的老板，曹操落荒而逃，差点连命都没了。但是关羽放了曹操一条生路，从这个层面来说，他的离职做到了完美。

从此江湖上，每个人都喜欢成为关羽。和关羽相反的"离职达人"

是吕布,为什么吕布最后落了个被杀的下场?其实吕布被俘的时候本可以活命的,但刘备的一句话,还是杀死了他:明公不见董卓、丁建阳之事乎?

是啊,对前上司都那么不留情面,谁还敢再聘用他呢?

如何进行有效社交

我曾写过一篇还挺火的文章《放弃那些无用的社交》，大概的主旨是：只有等价的交换，才有等价的感情。后来这句话被传播得很广，意思就变味了，有人说，我跟我发小、挚友、闺密也是这样吗？太没人情味了。所以，今天我觉得有必要把这个话题再延展一下。

社交圈大致分为三类：第一类是互利圈，也就是非常直接的有实用价值交换的社交圈，就像职场，在这个圈子里，你不用谈太多感情，有感情很好，没有也没事儿，因为有共利的事情才是成人世界的规则；第二类是人情圈，它不是简单的利益交换，而是有了人情的成分在里面，比如你的亲人、你的同学，你们也可能会有合作的时候，也可能会有互相帮忙的可能，但这时已经有了人情；第三类是交心圈，这个圈层内的社交关系，超越了利益交换的范畴，而是价值观层面的相互认可，在这个圈子里，你就不用再想什么无用和有用的社交了，真情都是无用的，也都是最有用的。

所以我们在职场交流里，只强调第一类，也会带一点第二类社交。

其实，"可交换价值"越大，你能够吸引的人就越多，愿意主动跟你打交道的人也越多。就算你是个很内向的人，也会有更多的人主动接触你。只要你的交换值够大，别担心人情冷漠，即使你一时落魄，也会有更多的人愿意帮助你。因为人们都知道，如果你不是凭借运气，你东山再起不过是早晚的事。

在这个基础上，建立有效人脉的**第一步，就是建立自身的价值和提升自身的价值**。比如你可以通过利用无聊的时间，磨炼出一技之长，刻意练习，让自己成为某个领域的专家。

第二步，放大自己的可交换系数。简单来说，就是建立起对自己最合适的社交圈，并且能够赢得圈内人的信任。再换句话说，你要进入这个圈子。比如你是个作者，写的东西很好，但这还不够，要想办法进入圈子。你可以参加当地的作家协会，可以在微博上多和那些同圈的人互动，可以多参加一些他们组织的饭局。但请记住，在加入圈子时，一定在你有了自己可交换价值的前提下，**如果自己缺乏"可交换价值"，一切社交都没有用，而且是在浪费时间**。比如在你没有什么价值的时候，你加了个牛人微信，放心，你们只会是点赞之交，准确来说，也是你给人家点赞。

美国沟通专家、演讲大师凯伦·伯格有一本书叫《如何实现有效社交》，给了有效社交明确的定义，**所谓的"有效社交"，就是与他人进行高效而顺畅的沟通，并且能随时灵活应对和解决各种突**

发状况，顺利推进和落实你自己的要求和建议，从而为自己营造出更好的社会关系。

在职场里，有效社交十分重要，所以，我也为你准备了几条干货：

一、见面交谈

我们发现，其实不少人可以在手机网络上谈笑风生，可一旦到了真实世界，却依然不知道该怎样与他人进行交流。这样的人，在年轻人群体里格外明显。比如我上网课的时候，学生们特别活跃，但一见面，我完全不敢相信那个网名叫"龙哥的秀发"的，竟然是个如此文静的孩子。

在工作场合中，见面很重要，不仅因为见面三分情，而且因为语音和文字里的信息并不完全，还有很多信息，比如表情、语气，你必须在面对面时才能体会得更全面，这些信息在潜意识里很管用。这就是为什么有效的交流往往都在面对面里获得，在互联网如此发达的今天，许多生意，还是要面对面才能把合同签了。

二、琢磨对方的需求

我们之前说过换位思考，《如何实现有效社交》里说：实现有效社交的头号法则就是——在开口交流之前,一定要先琢磨透你的沟通对象,弄清对方此时的真正需求或兴趣点。

比如我们原来有个领导,开个誓师大会,说公司要做一件多么厉害的事情,希望大家多支持。我听完他的演讲,整个人都是蒙的,因为我完全不知道这件事做好跟我有什么关系,我看了看身边,所有人都无精打采的。

如果一个人在工作中讲一件事和另一个人一点关系都没有,我实在不知道为什么要讲出来。

《如何实现有效社交》分享了一个很有用的表格,叫"WIIFM表格"——这个所谓的"WIIFM"就是What's in it for me？翻译成大白话就是:"这关我什么事？"

那么这个表格,主要包含了三部分内容:

第一部分是沟通对象的"姓名",你要说出对方的名字,拉近对方的参与感。

第二部分是对方遇到了什么"障碍"。

第三部分是什么能激发他的"动力"。

当你有了这个表格,可能问题还是没有办法解决,但至少,让你在开口之前,厘清思路、换位思考,清楚勾画出谈话对象的心理需求,从而调整好自己的心态和策略——如果你认真填完,立马就会知道,用哪些话,可以有效打动对方。

三、核心信息 + 论据

我曾在英语课结课的时候问过一个学生,你在上完我 20 个小时的课后,还记得什么内容?我以为他会说某个知识点,谁知道他说,就记得你最后那个段子了。

20 个小时的课程,我竟然留在对方脑子里的只剩下一个段子,真是挺让人崩溃的。

之后我开始反思,在这个信息嘈杂的时代,我们传达的语言信息,能够被对方吸收、理解的是非常有限的。更严重的是,如果大家没记住或者没有完全理解你说的话,他们就会想当然地创建自己的版本,将你传达的信息扭曲化。比如你明明上的是英语课,他觉得你在讲段子。

你玩过这个游戏吗?第一个人看到一段话,小声把这段话传给第二个人,一直传下去,传到第十个人的时候,已经面目全非。但如果只有一句话,效果就能好很多。比如我们军训的时候,如果口令只有一句话或者一个单词,传递的速度就会又快又准。

因此,使用娴熟的语言,简单、准确地传达出关键信息,在社交活动中显得非常重要。那么,如何科学地组织语言呢?这就需要一个非常重要的组合:核心信息 + 论据。

首先,任何社交谈话都必须紧紧围绕一个"核心信息"来展开。这个所谓的"核心信息",就是你最想传递的唯一关键信息,而且,千万不能复杂,要用最简单的词汇组成,切中要害。比如我有一篇演讲名为《为生活埋彩蛋》,核心就是彩蛋,你什么都可以忘记,但这个彩蛋不可能忘记,于是这次演讲从传播角度来看,算是成功了。

这一点在工作中也非常重要,先把你要讲的核心信息写下来,然后再跟别人沟通,写完几个核心信息后,开始找自己的论据。接着就好办多了,无论你拉到多远,也都能收回来。

《如何实现有效社交》的作者在书中为我们举了一个例子。作者的朋友珍妮是一位图形设计师,由于孩子太小,所以申请在家办公。珍妮每天会给上司发一封长邮件,汇报自己在家的工作。尽管珍妮把大量时间都花在了工作上,但她始终感觉,上司并不清楚自己干了什么。逐渐地,上司对她产生了信任动摇,甚至还认为她可能在家里偷懒。珍妮为此非常担心和苦恼。

作者看了珍妮的邮件后,立马发现了一些问题:

一是珍妮每天的工作汇报非常混乱,缺少核心信息。

二是有时候邮件里居然还有很多家长里短的废话——比如孩子病了、保姆请假了。

三是每当上司提出自己疑问的时候,珍妮总会在邮件里进行毫无意义的道歉,没有提供任何有意义的证据解释——而这些道歉上司根本不感兴趣。

于是作者建议:每次邮件交流时,只选择最重要的三点核心内容,全用事实性信息,停止毫无意义的道歉以及解释。要重点向上司说明自己已经干了什么，而不是还未完成什么。不要在邮件中大谈生活细节，更不要把不是工作上的事情跟上司讲。这点女孩子尤其要注意，很多时候，我们更容易把工作和生活搅在一起，理性和情感混在一起，这样在职场里特别不好。

那么，就拿珍妮为例，应该怎样组织语言呢？把"核心信息"可以设定为"我能够帮助公司取得发展"，不要再加其他的东西了。论据可梳理出这么几点：比如"我已经成功地帮公司把某项目发展成了多个项目""我发现并推进了一些可以帮助公司更好成长的项目""这些是我可以改进的，这些是我无法做到的"。通过这种有效而清晰的语言组织，珍妮与上司之间的这次交流，终于令上司满意了。

如果我们能把话题都收紧为：核心信息 + 论据，一切沟通就能有效很多。

四、除讲话之外的信息表达

有数据表明，每次谈话后，人们通常只会记住对方的语调、言谈举止和给人的感觉，超过90%的人都是凭印象做出决定的。我不得不否认这是个看脸的时代，所以跟别人进行重要聊天时，一定至少洗个头。否则，你说得再好也不能给人留下好印象。除此之外，你的手势和其他身体语言，将会占到总体形象的93%——换句话说，传达信息的方式，可能比传达信息的内容更为重要，它将决定大家是否能够记住你的信息，并采纳你的建议。就好比吴彦祖和我同时在你面前让你好好学习，他的说服力一定比我大，这是没办法的。

当然，重视"视觉化"，并不是让你去整容，而是去提升个人的表演技能，这也是实现有效社交的关键一环。每个人都应该学点声台形表之类的表演课，甚至从某种角度来说，每个人都是天生的表演者。你可以看看我们的孩子，他们是多么高超的表演大师。

你可以这样做。首先，在你要进行重要谈话、演示、演讲前，可以提前进行一些"摄像训练"。把手机架在面前，把自己的演讲录下来，别觉得这很尴尬，许多人都有过这样的经验。我在刚开始当老师的时候，每一节课都是用 MP3 录下来的，那个时候还没有大内存的智能手机，如果有，我也一定会录下来，之后通过回放看看怎么改正自己的演讲。

其次，进行呼吸训练，这是我跟中国传媒大学的学生学的，调整好自己的声音。为了调整好自己的声音，《如何进行有效社交》的作者建议我们首先要在平时注意进行呼吸和声音控制的练习，中国传媒大学的学生把这个称为：练声。比如把双拳放在胸部，用力下压，同时大声说：啊、哈、嘿等叹词，不断重复——这可以帮助我们更好地发声。

有些老师讲课声音很好听，而且不会讲得很痛苦，讲 10 个小时都没关系。因为他知道怎么控制自己的声音，让自己用胸腔发音，这样的声音好听也能让人有共鸣。其实除了这个之外，南方的朋友也要去训练一下自己的普通话，一口好的普通话也能让自己越来越自信。

还有一个非语言的有效沟通技巧是，保持目光接触，与对方建立联系。在交流过程中，与你的听众建立信任的最简单方法就是要保持目光接触。除了单独一对一谈话时要与对方保持目光接触之外，在多个人对话时，你也要注意目光的接触。

五、预演未来

想起我在一次上听力课前，什么都准备好了，可谓滚瓜烂熟。但谁也没想到，我那天因为挤公交车，把电脑丢了。这意味着，这一节课我没有了音频，要辜负几百位学生了,但好在我做了预备方案，在此之前我考虑过如果电脑坏了我应该怎么办，于是我找出备用的原文，把自己当成了音频。一节课下来，只拖堂了5分钟。我之所以完成了很好的救急，是因为我经常做一件事：预演未来。

在做任何一件陌生的事情时，预演未来都十分关键。请相信，无论事先的准备多么充分，在沟通过程中都可能出现意外，让整个进程陷入混乱——比如电脑突然死机，比如突然弹出点什么，比如客户忽然接电话，比如你忽然拉肚子……

我的建议是，你一定要想到最坏的打算是什么，工作中，重要讲话一定提前演练，尽可能考虑到每种回应。

换句话说，一定要有备选计划。

有备选计划的人，心里不慌，张嘴也就更容易一些。

如何成为一个谈判高手

如果你去当当或者京东上搜索"谈判"二字,你会发现全部是与谈判相关的书籍。谈判是一门学科,在哈佛还有专门的谈判课,为期是一整个学期。所以,关于谈判,我只能浅谈,能够勾起你对谈判的兴趣即可。

什么是谈判?

我从一个小故事入手:一位妈妈把一个橙子送给了邻居家的两个孩子。这两个孩子就开始讨论如何分这个橙子,吵来吵去,一直没有结果,甚至差点打了起来。

直到谈判开始:一个孩子问另一个孩子,你要这个橙子做什么?

这个孩子回答:"我想把橙皮磨碎了,混在面粉里烤蛋糕吃。"提问的那个孩子就说:"好,我把橙皮给你,果肉留给我,我要把果肉放到榨汁机里榨汁喝。"想要橙皮的那个孩子一听,心想反正果肉我也不要,那就把果肉给你吧。

最后这两个孩子达成一致意见,一个孩子得到了橙皮,另一个孩子得到了果肉，他们高高兴兴地回家了。

这两个孩子分橙子的过程，其实就是一个谈判的过程。而他们从开始交谈（注意不是吵架）的第一步起就是谈判，两个孩子都没有向对方妥协，比如说你拿三分之二，我拿三分之一，而是从需求出发，看是否有一个较好的方法能够满足双方的需求。所以，好的谈判，并不是你赢了我就输了，而是一种双赢，是一种通过沟通达到每个人都想得到的东西的手段。

谈判无处不在，在工作中你找领导要资源，在恋爱中你跟对方谈婚论嫁，在生活中你和小商小贩砍价，都需要谈判。

有个朋友曾经问我，谈判的态度应该怎样更好。

大多数情况下谈判有两种风格：一种风格是强硬的——我要坚持我的立场，你必须按照我的要求来达成协议；另外一种是温和的——谈判人比较看重维护关系，宁可做出一些退让，也希望能够达成协议，但其实这两种方法都不是最好的。

我们需要的是原则式谈判。所谓原则式谈判就是，**在道理、原则上面要强硬，但在对待对方的态度上要温和。这样刚柔并济的谈判，效果最好。**再换句话说，对于你要达到的目的，你必须强硬，但是在语气、沟通上，一定要温和。

既不是谁更强硬听谁的，也不是你软弱你一再退让以维护关系，而是在谈判的时候要尽量地寻求客观标准。那闲话少说，我们来分享几条干货：

一、避免人和事混为一谈

谈判的时候，人很容易充满着代入感，比如我这么个大腕来跟你谈判，你是不是要给个面子。其实这样并不好，谈判的时候，事情是事情，人是人。在《哈佛谈判课》里提到过一个方法：你在沟通的时候只说自己，不谈对方。

什么意思呢？就是无论对方提出什么样的问题和质疑，你只表达自己听后的感受，表达自己的担心，而不要去评价对方的心态或者提出意见。其实这和《非暴力沟通》一样，我只表达自己的感情，不评价你。

记住，自己的代入感不要太强，比如当你让步了，可对方并没有让步的时候，你不要说："我都做这么大让步了，你怎么一点面子也不给，是不是看不起我？"这就属于太把自己当回事了。要记住，你谈的是事，而不是把自己当回事。

二、扮演一个不情愿的买家或者卖家

想要达到一种共赢的状态，首先要去营造一个共赢的谈判氛围，谈判时的氛围很重要，这就是为什么大家总希望能在自己的地盘上谈判，因为环境很大程度能左右谈判的结果。

罗杰·道森先生是美国前总统克林顿的谈判顾问，美国

POWER 谈判协会的创始人兼首席谈判顾问，他的著作《优势谈判》提到一个技巧很有趣：就是去扮演一个不情愿的买家或者卖家。

要注意：即便你已经迫不及待了，也必须表现得非常不情愿。

因为你一旦表现出特别想要，从氛围上就输了。

作者提到了一个案例，分享给大家：故事的主角是当今的美国总统特朗普。在 1991 年的时候，特朗普还是一个地产界的大亨，当时他陷入了一个巨大的危机里，需要筹措大量的资金，他有一个最好的选择，就是出售一家酒店。恰巧有一名澳大利亚的亿万富翁艾伦·邦德听到了这个消息，表示有兴趣来购买这家酒店。

其实特朗普当时已经迫不及待地想要把酒店尽快出手了，毕竟已经到了缺钱的地步，但是他还是装作不太情愿的样子说："那可是我最喜欢的产业啊，我舍不得把它卖掉，还想把它留给子孙呢，你可以考虑买其他的酒店，但千万别买这个。不过为了公平起见，如果你非要买的话，告诉我你愿意出什么价格？"

我们跳到结果，后来艾伦·邦德以 1.6 亿美元的价格把这家酒店买走了。

但你知道吗？3 年前，特朗普是以 7900 万美元买下这家酒店的。美国的房价涨得并不快，这门生意，基本上算是大赚了一笔，如果一开始特朗普表现出很着急卖掉这家酒店，对方多半会趁火打劫。

这就是谈判的策略，就算你很着急，也要表现出自己不着急的样子。**在谈判里，谁着急成交，谁就先输了一轮。**

三、不要直接提出自己的条件

谈判还有个技巧，就是越少让人知道你的想法越好。如果实在没办法，必须要提出来的话，就要开出一个高出你心里预期的条件，甚至是看起来难以接受的条件。如果你买过东西，就一定知道，砍价砍一半的道理，同理，卖东西，只有开出了高条件，你才有让步的空间。这样不但可以避免谈判陷入僵局，还能显得你比较愿意合作。

先突破他的心理防线，然后再根据他的谈判条件调整回自己的心里预期。**优势谈判是让对方在谈判结束的时候感觉自己胜利了**，但真实的他胜利与否，我们另说，不过他这么觉得就好。

我们回到工作领域，当领导让你给自己定工资时，你千万不要尿，要定高一些，让他还价，但别高到离谱。原因很简单，开出比较高的条件，能提高你在对方心中的价值感，比如说你在应聘一份工作，你开出了比较高的薪资条件，潜意识会让对方感觉你是一个比较有能力的人。对方也许慢慢还到一个你心里预期的价位，但还有一种可能，就是对方很有可能会爽快地接受你的条件。但仔细看看我们身边的年轻人，他们谈判的时候，总是很谦虚：我对工资没要求，能养活自己就好！这真的是亏了自己啊！

《优势谈判》里有个很有趣的故事，有一个学习过优势谈判课程的学员，他是一个律师，需要去买一套房子。一开始一切都很顺利，可是他想要试试这个方法是否有效，所以向卖方提出了23个条件，而且其中一些条件显得十分荒唐，在市面上几乎不存在这样的条件。其实他自己心里也知道对方只要看一眼就会拒绝至少一半的要求。但令他大吃一惊的是，对方只反对了其中的一条。即便如此，这个律师依然扮演了不情愿的买家，坚持了好几天，到最后才不情愿地答应了。虽然他只放弃了23个条件中的一个，可是卖方还是觉得自己赢得了谈判的胜利。这种案例比比皆是，谈判的胜利并不是真正的胜利，而是你以为自己获得了胜利。

四、后面还有个重要人物

在我们公司，我应该算比较能言善辩的，所以很多谈判，都是我亲自去谈。记得在一次谈判的时候，我忽然表现得十分吃力，原因是我们都快谈妥了，对方突然甩出这么一句话："我做不了主，我要问一下我的老板。"这句话把我搞蒙了，我有些生气，心想，你做不了主还跟我谈这么半天。结果那次沟通，只要我们表达了自己的意愿，他就说他要出去接个电话，最后我们虽然合作了，但并没有按照我们的价格，而是按照他"老板"的价格。我后来才知道，他根本没什么老板，这只是一个谈判的技巧：我的后面还有一个重要的人物。

所以，如果你在谈判的时候对方突然告诉你，他其实没有决定权，需要回去请示一下上级才能答复。这该怎么办？请记住，对方很可能是有意这样做的,刻意营造一个模糊的、更高的权威。

为什么要这样做呢?因为对手一旦发现你有最终决定权的时候,他就会意识到只要说服你就可以了,你就变得不太有退路了。还记得吗?谈判时不要让人知道你太多的底细。所以,最好的方式是,一开始你也要告诉他:"我的权力有限,但在我有限的权力内,我会做到给你最好的。"所以,**当遇到僵局时,你可以先去"请示"一下上级,用这样的方式,给对方造成谈判的压力。这里的关键是,这个上级得是"模糊的"**。

如果对方说"那让我和你的上级谈吧",你也不可能真的把上级拉过来。你要塑造的是一个模糊的上级,比如说公司的投资人、董事会、委员会、合伙人,或者某一个部门,你可以告诉对方,在你做出最终决策之前,你都必须先请示投资人,或听取一下技术部门的建议。

这是我在生活中谈判的经验,分享给你,因为很多人都会犯错误,尤其是刚进入职场,刚成为领导的年轻人,他们会和当时的我一样,沉浸在一种大权在握的良好感觉中,喜欢自己拍板,这在谈判中是非常不利的。现实生活中你可以拍板,但谈判桌上,永远应该有个老大哥在背后。就连总统在谈判中也会和对方说,我要去咨询一下谈判顾问和议员们的建议。

所以,就算你是可以最终拍板的那个人,也要塑造一个模糊的、更高的权威。

那如果对方和你都用这个策略该怎么办呢？我的建议是，你一开始就要防止对方用这个策略，可以先去激起对方的权力意识，让他先嘚瑟起来。比如，你可以微笑着问对方"他们通常都听从你的建议是吗"，面子都给别人，谈判的时候，我们要里子。

如果对方是一个权力意识很强的人，就会很骄傲地告诉你"我说了就算，我不需要别人的批准"，这句话一说，对方已经输了。在开始谈判时，你也可以多次强调"这事儿就是你负责吧？我时间太紧了，咱们尽快啊！"如果这都不管用，对方还是一定要请示他的上级，那你就要以其人之道还治其人之身，你也去请示自己的上级，对方至少会明白你懂这一招，会及时停止使用这个把戏。

五、把问题搁置一会儿

在谈判中场，还会遇到一些挑战，比如说出现僵局了该怎么办？

如果你看过《中国合伙人》就会知道，三个主人公飞到了美国，在谈判中，双方遇到了僵局，两边甚至有些剑拔弩张。可是，他们并没有迎难而上，而是先休息了一会儿，再继续进入谈判。

僵局就是双方产生了巨大的分歧，但如果你们还愿意继续谈下去，这个时候你可以把遇到的问题先放下，暂时搁置一会儿，先从其他的问题入手，或者，直接休息十分钟。这样你和你的团队就可以有机会在其他方面找到一些新的突破点，不要把谈判的焦点都集中在一个问题上。比如你可以说，我上个厕所，或者，咱们吃个饭吧，吃完饭之后再讨论，等等。

但如果不是僵局，谈判进入了死胡同，也就是双方都认为已经没有必要谈下去了，那应该怎么办呢？《优势谈判》这本书里说，解决这种问题的唯一办法就是引入第三方，让第三方来协调。不要把引入第三方看成一种无能的表现，**第三方的意义就是化解矛盾**，第三方的身份能够更好地促使双方达成解决方案，但这个第三方一定要以一个"中立者"的形象出现。

六、重复对方的话

打破僵局还有一个小技巧，叫重复对方的话。重复对方的话，能让对方提高对你的好感。因为每个人都喜欢自己，也喜欢自己的语言体系。

比如，一名绑匪在谈判的过程中说了一句"我也不想这样做，但是我没办法"。这时候如果问他"我知道你自己也不想这样，能说说你有什么苦衷吗"，绑匪可能会立马发现这是在套取他的信息，觉得自己不应该继续说下去了。但是假如重复他说的"你没有办法？"这时候，绑匪就会掉以轻心。

心理学家里卡德·怀斯曼进行了一项研究，他通过对服务员的观察，找到了能让陌生人建立起有效沟通的方法：一种是重复，另一种是积极肯定。他找来一群服务员，利用"积极肯定"的方法，用"非常好""没问题""当然"一类的语言，向客人传递赞扬和鼓励。又找来另一群服务员，只让他们简单地重复客人的要求。结果他发现：使用"重复"方法的服务员，比使用"积极肯定"方法的服务员多得了70%的小费。

七、"掀桌策略"

"掀桌策略"这个词我是从《谈判的艺术》里读到的。

其实说起"掀桌策略"，有一个场景你一定不陌生，那就是砍价，每次在商场中和售货员讨价还价，都是一个小小的谈判过程，场景虽小，但双方也会轮番使用各种谈判技巧。

一百可以吗？

不行，一百五。

一百一？

一百三。这是我的底线了。

一百一，就这样吧，我也没那么多钱了。

不行，真的不行，成本价都不够。

嗯，那算了。（转身要走）

别别，行吧，跳楼价给你！

这就是著名的"掀桌策略"，掀翻谈判桌，假装不买了，这也是十分考验演技的一种策略。在你转身的十几秒里，售货员会判断你是否真的要放弃，还要判断你给出的报价到底值不值得继续交易，如果她叫住了你，那么恭喜你，你的演技不错，你会如愿低价买到心仪的商品，但是如果她看出了你的伪装，或者你的报价确实在她接受范围之外，那你可就尴尬了，这个时候你要么重回谈判现场，完全被对方牵着鼻子走，要么就不得不放弃你原本很想买的东西。

八、结束时恭喜对方

最后，在结束谈判时，记得一定要恭喜对方赢得了这场谈判。无论你觉得对手表现得多么差劲，都要去恭喜他，去告诉他："你太厉害了，你赢了，你太会谈判了，我从你身上学到了很多。"

沟通锦囊：

如何建立有效人脉：

第一步，建立自身的价值和提升自身的价值；
第二步，放大自己的可交换系数。

实战笔记

沟通锦囊：

如何有效谈判：

1. 避免人和事混为一谈；
2. 扮演一个不情愿的买家或者卖家；
3. 不要直接提出自己的条件；
4. 后面还有个重要人物；
5. 把问题搁置一会儿；
6. 重复对方的话；
7. "掀桌策略"；
8. 结束时恭喜对方。

实战笔记

PART 4
成为生活中的沟通高手

和高手讲话的时候很舒服,我们不会遇到一个人滔滔不绝、另一个人哑口无言,或者两个人都无话可说的尴尬无比的局面。这仅仅是因为,沟通高手或多或少都遵循一个法则:换位思考。你说一句,我也能接一句。

聪明人的沟通方法

和聪明人沟通是一件极具挑战且很能提高自己的事情。如果让我选择,我会更愿意多和聪明人沟通,因为只有和聪明的人沟通,才会变成聪明的人。可问题是我们没有条件每天都和聪明人沟通,就算有了微信,也不能保证每天对方都有时间,就算对方有时间,你和他也不一定对得上时间。所以最好的方法,就是读书,因为读书能打破时间和空间的间隔,在书里,你总能和聪明人有交锋。

幸运的是,在北京,我时常有机会组织一些聚会,其中有很多口若悬河并具备独立思想的朋友。

有一次,一位朋友请客吃饭,我们一群人坐在餐桌上等了半小时,都没有上菜。这时我们才知道,他忘记点菜了。但谁说关于点菜的事情,都容易显得不太礼貌。

这时一位朋友忽然指着空空的桌子说:"尚龙,这盘花生米真好吃!"

我们看着空空的桌子,明明什么都没有,此时我已看穿对方的目的，我极力配合，说："就是，好吃好吃，不加辣会更好。"

朋友继续说："是的，你不能吃辣，可惜了，这花生米味道真好，再来盘毛豆就更好了。"

周围的人一头雾水，以为我们在搞什么行为艺术，我接着说："这盘红烧牛肉比咱们平时吃的好啊。"

朋友继续说："那盘鱼更好吃。"

请客的朋友有些不好意思，说："放心，放心，都有。"说完就赶紧找到服务员，把菜点了。

我们就这样你一言我一语，在完全不得罪朋友的前提下，把想点的菜点了，把忌口也说了，还委婉地表达了对请客朋友的抱怨：为什么还不点菜。

我曾经说过生活是最牛的编剧，因为你不用考虑它的合理性。同理，当你和一群特别会说话的人在一起时，就像他们带着你走路，一不留神，你就走了很远。

后来在另一个饭局里，也是等了很久都没有上菜，我也用了同样的方法对请客的朋友说："这盘花生米真好吃！"

另一个朋友想都没想，说："哪里有花生米？"

这次对话就破功了。

你看，还是跟聪明人聊天比较省时省力。

但我没有放弃，接着说："我觉得你是不是快饿疯了？"

请客的主人马上意识到了什么，于是赶紧叫来了服务员，让我点菜。我说，我就不点了，不过记得××不能吃辣，××喜欢吃牛肉和羊肉……

后来我慢慢明白，无论跟什么人聊天，对方会说什么，是不能确定的。但是无论跟谁交谈，都有一个不变的准则：学会换位思考，同时接受不同的变化。

我一直在强调换位思考，因为这是交流的第一要素。

跟我点菜很有默契的那位朋友，他是一个很厉害的编剧。有一次，我们在深圳做活动，活动结束后，出版社约我们吃饭。刚好当地的一个影视公司老板也邀请我们一起喝酒，可我们只有一个夜晚，于是我们只好约着他们两拨人一起吃饭。接着，尴尬的事情来了，桌上的一群人虽然不熟悉，但至少都可以聊天，唯独这位老板，我们谁都不知道怎么跟他开口，因为他讲的是粤语。

所以，谁也不知道他是不是能听得懂我们在说什么，谁也不知道他在那里如此激动地说着什么。总之，那天喝了好多酒，隐隐约约记得朋友跟他聊得很高兴。第二天早上，我俩在酒店的餐厅相遇，我说你可以啊，竟然还能听得懂粤语。

他说，我听不懂啊。我都傻了，问，那怎么聊得如此开心？他说，无论他说什么，我都微笑一下，然后说我自己的话。

这招太厉害了，后来我发现很多女孩子聊天也喜欢用这种方法。

比如一个女生说："这个衣服真好看！"另一个女生微笑后说

的是："是吧，我上次去欧洲的时候啊……"看起来没关系，但仔细研究，你会发现，两个故事中间都有一个隐形的语言：微笑。因为除了语言，还有一种更重要的沟通，叫心语。比如微笑、表情、肢体语言，这些都是心语的一种。

人类无论掌握了多少种语言，都有许多共性的言语。

卡洛琳·塔格特在《所谓会说话，就是会换位思考》中讲过一个故事：一位朋友曾经遇到过一位相亲对象，因为是第一次见面，两个人尴尬到恨不得钻进泥土里，为了打破局面，这位朋友主动开始互动。英国人聊天喜欢问："你来自哪里？"结果不问则已，一问，相亲对象瞬间感觉自己像接受审讯一样，草草说了地名，然后就沉默了。这位朋友不能继续问更深的话题，因为在英国住在哪个街区是隐私，只好又问了一句："你是学什么专业的？"对方又只回答了简单的几个字，两个人再次沉默。这种尴尬，令人无比痛苦。

问题来了，是谁不会说话呢？

在刚遇到异性时，寒暄闲聊并不是浪费时间与精力，而是一个了解对方信息的契机，当被人问到问题时，我们只需要在答案后面跟上一句话，这句话只有三个字："那你呢？"聊天就能继续了。

你会发现，和高手讲话的时候很舒服，我们不会遇到一个人滔滔不绝、另一个人哑口无言，或者两个人都无话可说的尴尬无比的局面。这仅仅是因为，沟通高手或多或少都遵循一个法则：换位思考。你说一句，我也能接一句。

什么是换位思考？

换位思考就是仔细考虑对方需要什么，努力为对方着想，让对方感到舒服、有趣。

每个人在说话的时候，都是有语言痕迹的，这就是每一句话流露出的额外信息。一个人在学会说话之前，首先要学会的是倾听。比如，英国人聊天最喜欢提到下雨，是因为英国是个多雨的国家，但如果有人说"下雨其实对花园里植物的生长有好处"，那么你就可以问问他是不是对园艺、植物感兴趣，他很有可能会给你肯定的回答，否则他就不会好端端地把下雨和植物联系起来。

如果有的说"下雨真讨厌，连工作都干得没劲"。你听出的是工作方面的抱怨和牢骚，这时候你就应该适当地表示同情和理解，也可以跟他聊聊工作的痛苦、老板的不好。去听别人说的话，然后把话题引申开来，你可能会获得更多的信息。

《福尔摩斯探案全集》里，福尔摩斯只看了华生几眼，就能断定他从阿富汗回来，虽然你可能没有这样的洞察力，但你一定能从别人的话语里听出点什么，因为：**一个人讲话讲到最后，都是在自我叙述。**所以，当你发现和别人已经没话说了，千万别着急，让我来为你分享三招很实用的办法。

一、从外表入手

两个人实在没有话聊，可以从外表入手。比如着装、包、鞋子、首饰、表、发型、身材、化妆、表情……从这些细节入手，都是比较好的聊天方式。当然，你要夸这些外在的东西，不要去批评别人，比如说你的衣服真丑……恭喜你，你很快就会被人拉黑了。

还可以聊家乡地域，比如：你家在哪儿？成都。真的啊？成都的小吃可好吃了，我去过一次宽窄巷子……当然，这需要你有一些地理知识，千万别说：我去过泰姬陵，是我在泰国最喜欢的地方……事实上泰姬陵在印度。

二、选择开放式的话题

开放式话题的反面，就是封闭式话题。所谓封闭式的话题，就是大家往往只能二选一，比如你去过美国吗？你喜欢英语吗？你喜欢打篮球吗？这些封闭式话题也有自己的优势，比如在希望对方做选择时，可以让对方不得不去做一个选择。但如果你希望对方多说两句，或者你们想多聊一些更深刻的话题，开放式的话题就显得尤为重要。同样是寒暄，你用"今天天气真好，不是吗？"得到的回答只能是是或者不是。但如果你换一种方式，"今天天气真不错，真希望过几天国足比赛的时候也能有这么好的天气"，那么对方在回答的时候话题可能会引申到足球、运动，甚至个人爱好的领域，这样你们就能有更多的话题沟通下去。

再比如你去别人家做客，可以请主人聊聊他家的收藏。

开头应该是这样："方便聊聊你收藏的××吗？"

收藏代表对这件东西的无比热爱，如果他没有滔滔不绝，这东西一定不是他收藏的。

总之，开放式话题，是平时沟通的法宝，如果你是一位老师，上课时也尽量给学生开放式的问题，这样可以让他们多多思考。

三、准备一些万能的问题模板

在空闲时间里真正喜欢做什么，最近读了什么书，最近听到了什么有趣的事或者笑话，假期去哪里比较好玩，看了哪部比较好看的电影……谈话的时候，抛出这些问题就可以把谈话的重点转移到对方身上，鼓励对方谈论自身的情况和热衷的事情，因为当每个人在谈自己的时候，总能有说不完的话。对方会觉得和你聊天很开心，也就会很自然地产生一种"这个人真有趣"的感觉。其实许多聊天的本质都是自我的投射。

我想起有一对夫妻，结婚很多年了，一直很幸福。我曾问男士：为什么那么喜欢她？为什么最后和你结婚的是她而不是别人？因为这位男士当时真的很受欢迎。

他说，因为我跟她聊得来。

很久之后，我问他太太同样的话。他太太说，什么聊得来啊，刚见面的时候，都是他一个人说话，而我只是问问题，然后负责点头而已。

我不知道她是不是也用了这招，准备了很多万能问题作为模板开头，但我知道，这样的方法，真的可以提高对方对你的好感，同时，还可以打开对方的话匣子。我用过很多次这个办法，好的提问，能让彼此的沟通事半功倍。

我们在分享方法时，也希望大家多去使用。我们不能指望光去阅读就能提高自己的沟通能力，还要去实践、去操作、去使用。

学会有效提问

好的对话，首先应该学会提问。只有学会提问，才能让对方有机会和你平等交流。主持人群体这些年一直被人认为是最会说话的一群人，如果你研究主持人的成长轨迹，总能看到一些他们在沟通方面值得我们学习的影子。中国传媒大学播音主持系最重要的课程就是采访课，所谓采访，就是如何合理地提问，让对方舒服地回答问题。因为只要有了合理的提问，就能和别人持久沟通，这至少不会让人尴尬，让对话冷场。可有人说，问问题还用教吗？不是张嘴就来吗？这是个好问题。你看，这样我就能接下你的话了。

我们不妨反思一下，你真的会提问吗？想想我们上学的时候，同样是问老师问题，有些同学先想明白了问题再问老师，老师就可以直接作答，但是有些同学是先讲好多自己的事情，甚至讲到最后都忘记了问题是什么，老师听得一头雾水，爱莫能助。

所以你看，一个好问题能让复杂的事情变简单，一个坏问题会让简单的事情变复杂，这其中有非常微妙的差别。

一、想清楚自己的问题是什么

即便经过培训，还是有很多主持人仅仅在提问过程中就把人弄得很生气。

易中天在2009年前后，多次在做节目时表明，不愿配合"愚蠢的问题"，一再拒绝回答，还称要办个主持人学校培训培训。在某档节目中，好几次主持人在现场几度被驳得无话可说，场面一度非常尴尬。后来节目播出时，编导并没有剪去易中天"发飙"的话语，易中天发飙时所说的"问题很愚蠢""领导很弱智"都呈现在了观众面前，一时间引发众多争议，许多人都在批评易中天，说他太难采访。我们必须承认，他确实很难采访，但仔细看看视频内容，问题真的全部出在易中天身上吗？

我们来看看那天到底发生了什么：

【关于高考】

主持人：很多家长都希望自己的孩子能在高考中取得好成绩，我们希望您能提点儿建议。

易中天：非常抱歉，我没有参加过高考。

主持人：但是您的孩子参加过。

易中天：那得问她啊。

主持人：您作为父亲，在帮助孩子准备高考的时候，没做过些什么工作吗？

易中天：做饭。

主持人：这是一般家长都会做的，还有别的事吗？

易中天（不耐烦）：还有别的事情是不该我做的。有本事你替她考啊！

主持人：我知道您的女儿后来……

易中天：你还打算继续愚蠢下去吗？

主持人：我作为主持人得完成我们的任务，就算我觉得愚蠢我也得问出来。

易中天：对，对，王志就这么说的。

主持人：我继续了，我们一开始介绍您时说您是学术"超男"。

易中天：对，骂我的。

主持人：听说您不喜欢这个名字。

易中天：我肯定不喜欢。

主持人：为什么呢？

易中天：意思很清楚，"超男""超女"是蹦跶不了几天的。你们还当好词在欢迎我。你们去问问峨眉山的猴子这种观赏性动物，喜不喜欢被人观赏……（转头对另一位嘉宾说）他们完不成任务了，主要是他们领导弱智，这年头不弱智都当不上领导。

刨除易中天情绪化的回答，我们再看一遍这段对话，从这一段节选里，我发现了一个非常有趣的问题：主持人的问题问得非常散，有些问题想直接问又不敢，于是只能说"听说"，不停念着网友的评论，而网友就是一种隐形的存在，许多甚至都不能算是网友，是键盘侠。这样的问题，自然容易激怒对方，易中天发怒了，但其实很多名人也都不愿意回答，因为这些问题没有一个核心，太散了。很多问题都想要深入探讨，这当然不可能，于是麻烦就来了。

一个提问的人，首先要学会的第一点，就是**把自己的疑问汇集成一个核心。一个核心结束后，再汇集到另一个核心，切记不能多点开花**。

二、从自己的角度提问

别老念别人提出的，甚至是虚头巴脑的问题，从自己的角度出发，更亲切。

商业战略专家安德鲁·索贝尔和另一位作者合著的一本书《提问的艺术：为什么你该这样问》应该可以给我们更好的答案。这两位作者曾经走访过好几百位成功人士，其中包括彼得·德鲁克这样的管理学之父，两位发现，好的问题远比问题的答案更有力量。

而好的问题，通常具备以下两点：

第一，集中。

第二，从我出发。

我们看乔布斯是怎么提问的：有一天，乔布斯去了某工程师的办公室，那里有一台即将问世的新型电脑。乔布斯让工程师开机，结果开机的过程花了好几分钟时间。

乔布斯和工程师说："可不可以让启动再快一点？"（集中）

工程师一看，赶紧加班加点，忙活了好几天，把开机速度提高了一些，于是特别兴奋地给乔布斯展示。

乔布斯看完开机，又发问了，这个发问依然只有一句话："这是你能做到的最好的了吗？"（集中于速度）

工程师在接收到这条问题后，只得继续没日没夜地改进，终于又把开机速度提高了几秒。

可是没想到，乔布斯又跟他说："我敢打赌，将来会有500万人每天至少打开一次电脑。所以，如果能把开机速度再提高10秒，乘以500万用户，那就是每天5000万秒，一年加起来就是12个人的一生。可以说，如果你将开机速度提高10秒，就是拯救了12条生命。"其实仔细听，我们还能听出那个问题：这是你能做到的最好的了吗？（依旧集中、从"我"的角度开始）

最后工程师真就把开机速度提高了10秒。

我想起我在做签售的时候，有一个环节是提问互动，我去过很多城市做签售，大多数人拿着麦克风讲着讲着，就成了个人演讲，台下一堆人听着他讲述自己的事情。有一次，在银川，主持人把麦克风递给了一个大爷，大爷不知道是喝多了还是怎么了，拿着麦克风说了十多分钟自己的事情，主持人很尴尬，把麦克风抢回来不合适，制止他也不合适，于是他就这样当着众人的面不停地讲完了自己的生活。然后我问他，你的问题呢？他说，哦，对了，我还有问题没问。我当时差点一屁股坐在地上。后来我发现，几乎每次活动，大家问问题的前奏都很长，很多问题也都没有问到点子上，而签售会的时间很短，如果一个人说太长的话，一定会导致其他人的时间被浪费。真正的有效沟通，前提一定是能提出一个好问题。可是我平时很少能看到这样的有效提问。

有一天，我决定在这个环节里做一些改变，在活动开始之前，我对大家说："一会儿我们有个互动环节，希望大家可以把问题写在手机或者字条上，然后再站起来提问。"果然，那一次互动环节，读者的问题质量提高了很多。因为很多人在写问题的时候，也会多次叩问自己，这个问题我是不是已经知道答案？我是否能提一些有深度的问题，我能不能再深一步？有了这样的过程，你就会发现，许多问题变得有效了很多。在整个过程中，他们其实做的只有一件事：集中自己的问题。

而集中问题需要叩问自己，自己提出这个问题的核心是什么，所以不会非常散乱，没有核心内容。

我们回到易中天的那个例子，其实还有一种避免冲突的方式，如果主持人和他的私交很好，甚至两个人之前是好朋友，或者在台下相互之间已经清楚什么问题不能问，在台上，就不至于如此剑拔弩张下不来台。

如果没有私交，从"我"出发，也是可以的。比如："易老师好，我是您的粉丝,我那天看到网上有人说您是学术'超男',您怎么看?"请注意,这样从"我"开头,对方是不容易发火的。因为他面对的,不是一个没有感情的读网友评论的机器,而是一个人。

我想过,什么情况下我也会在台上生气,如果有一个我完全不认识的主持人问我隐私问题,或者他故意在念一些有敌意的话让我感受到他的敌意时,我也会抑制不住怒火。

其实也有办法可以解决这种麻烦:**循序渐进**。

当遇到一个你完全不认识的人,但你又必须问他问题时,最好的方式应该是一点一点来,慢慢突破他的心理防线。

《提问的艺术》这本书里面归纳了三种提问方法:

第一种,**封闭式提问**。你可以进行二选一或者多选一的设定,让人先慢慢进入佳境,这个时候,你的问题比重可能会多一些,对方的回答或许会少一点。你甚至可以问一些别人都会想到的、最基本的问题,这些问题可以只关于他自己,目的是先把场子热起来。切记,不要兜圈子,更不要分散自己的观点。

等到他开始打开自己的话匣子时,再进行第二种提问:**开放式提问**。开放式提问就是我们没有固定答案,你可以放心大胆地表现自己的观点。当彼此的话匣子都被打开,确认双方都没有恶意时,场子也就热了起来。

梭罗独自住在波士顿附近的瓦尔登湖畔时写了一本书叫《瓦尔登湖》,除此之外,他还特别爱写日记,有一天他在日记里写了这么一句话：**"今天，我得到的最大恭维就是有人问我，我是怎么想的，并真诚地聆听了我的答案。"**什么是"我是怎么想的"？这就是开放式提问。但请记住，许多开放式提问，往往是在有了封闭式提问的基础之后，才有了后面的滔滔不绝。

还有一种提问方法，特别适合提问成功人士："你是怎么开始的？"这不仅是一个开放式的问题，还是一个关于他自己的问题。

这个问题会让他们穿越回那个骑自行车的下午，穿越回贴传单的晚上，穿越回那个一无所有的日子，然后开始滔滔不绝。

以此类推，你也可以这样发问："你们是怎么在一起的？""你小时候是怎么读书的？""你跟谁学的吉他？""你英语怎么学得那么好啊？"

两个人关系近了，场子热了，就可以把问题拓宽了，等问题的宽度足够了，接下来可以试着往深里挖了。

三、追问

追问是提问者和作答者最激烈的思维交锋。说实话，追问有时候很容易得罪人，这一定要明确两个人的关系才可以，我往往都只有在喝多后，才敢和身边的朋友有互相追问的对话，这种对话往往直指人性和问题真相。比如我曾经跟一位作家朋友聊写作的初衷，聊到最后，我们竟然发现，每个人无论多么有情怀，都跟钱有着或多或少的联系。

《提问的艺术》这本书里讲了一个故事：有一次，一个跨国企业发现自己的销售出现了问题，觉得需要进行改进性的培训，就找到本书的作者，要托他办个培训班。

作者没有一上来就答应，而是问了销售部主管五个问题，因为是对方相求，感情上已经很近，所以，可以直接进入追问状态。

第一个问题：为什么你们在全球销售市场中都成为领先者了，还需要销售培训呢？

对方说：因为需要不断提高销售人员的能力。

他接着问了第二个问题：为什么需要提高销售人员的能力呢？

对方又说：这样销售人员在开发新客户方面会更有效率。

第三个问题：为什么需要增加新客户的开发呢？

对方说：因为现在的客户不足以支撑公司的增长目标。

第四个问题：为什么不能让客户增长得更快呢？

对方说：我们每年都有20%的客户流失。

第五个问题：为什么客户会流失？

最终，公司的销售人员给出了答案，他们的产品质量和物流有问题，所以客户才不满意，导致客户流失。

就这样，五个问题追问下来，发现没有做销售培训的必要了，解决产品质量和物流漏洞才是关键。这就是追问的效果，它会帮助我们找到问题的核心所在。

但我有一个建议，尽量不要去追问人性。比如你非要问一对夫妻彼此到底爱不爱对方，你非要问两个朋友凭他们的关系可以借对方多少钱……人性的追问是很可怕的，追着追着，总容易发现人性中更多的漏洞。

这是一种思维模式，当遇到一个问题时，不要着急下结论，而是多追问几次，但请记住，打破砂锅问到底没问题，前提是：**两个人的关系不被毁坏**。

很多时候，打破砂锅问到底的结果是：不但砂锅里的汤洒了一地，而且你想吃的菜，也落在了地上，凉凉了。

如果不确定彼此关系的稳定性，还不如不问，尴尬总比两个人关系破裂好。

再次回到易中天和主持人，我们发现，主持人的问题除了散之外，还有一个更大的问题：没有循序渐进。

在两个人完全不熟的状态下，上来就直接问开放式提问，在对方已经表现出反感甚至没回答的时候，还紧接着追问，一次又一次进入对方的禁地，这都是提问的大忌。

当别人向你问问题时

前文我们讨论过提问的艺术，接下来我们聊聊回答的方法。

我在史蒂芬·平克的《当下启蒙》中读到一句话：这个世界只有愚蠢的回答，没有愚蠢的问题。我非常同意，换句话说，一个人无论把问题问得多么冗长，多么无聊，你作为回答者，都有责任把答案答好。这个世界有很多回答问题的高手，都具备这个特点：无论你问什么，他们都能精彩地回答。尽管这个问题很糟糕。

2009 年，我第一次参加英语演讲比赛，比赛分为两个部分，已备演讲和问答。在我讲完了已备演讲后，评委开始对我提出问题。这次比赛问题部分的回答，占总分的百分之七十。在此之前，我因为紧张，不争气地在已备演讲时忘词了，当然分数不高，所以我所有的赌注都放在了问答的部分。问答部分我被问了两个问题，因为第一场已经完蛋了，所以第二场反而很轻松，很快就结束了。在比赛结束后，我摇了摇头，心想，这回没戏了。因为我感觉这次脱口而出的语法错误更多，单词用得更不准确，于是我灰头土脸回到学校，等待着第二天最后的分数。第二天我接到了电话，组委会说恭喜我进入半决赛。后来我问了我的排名，他们说还挺靠前，因为我的问答部分做得特别好。我说我能看看评委给我的评价吗？评委只说了两个字：流利。

后来我用同样的方法，半决赛时拿到了北京市第一名。当然，半决赛时因为稿子背了一百遍，没有忘词，发挥得就比较好了。

一年后，我当上了培训师，在我给学生们培训时，他们问我是怎么做到犯了错还能进半决赛的。

我的回答很简单：无论你多紧张、犯了多少错误，切记，不要停下来，流利是最重要的。

后来我听过许多演讲高手在台上挥斥方遒，但我明显能感受到问答环节他的紧张和无可奈何，甚至很多时候答案都和问题没有什么关系，但只要他不停下来，观众至少不会觉得这个问题答砸了。这是回答问题的第一步，你一定要保证流利，因为流利代表着自信。要记住，就算对方的问题是在刁难你，你也一定要做到不被对方带着走，控制感最重要。这是你的场，别让别人嚣张。

我在杰瑞·魏斯曼的《魏斯曼演讲圣经2：答的艺术》里找到了类似的观点：回答问题最重要的，不是对错，而是对问题的掌控感。这点十分关键。

请一定记住：**在演讲的时候，你回答问题的目的不是给出正确答案，也不是故意给出错误的答案，而是要通过对棘手问题的解答，**

传递给观众一种信息，那就是：我很有自信，场子是我的。就算这问题再难，我也有应对逆境、保持方向和控制局面的能力，演讲台上其实很少能传递什么信息和价值，信息、价值都是在课堂上传递的，演讲台能够展现的往往只是个人魅力，没有人喜欢一个会被问倒的偶像。

杰瑞·魏斯曼先生说，如果要用一个词概括问答的目的，这个词就是"控制"。所以，你的自信很重要，回答的内容排第二。

我有一次给一个作家朋友站台，他头天晚上刚发了高烧，状态很差，他问我一会儿粉丝问他问题，他状态那么差应该怎么回答。我说，你不用管那么多，只要粉丝问完，你就回答，尽量把问题往自己的身上靠，别停就好。那天，任何人问他问题，他都往自己的经历上引，别说，还真挺管用。谁也没发现，他烧得脑子都晕了，却还能对答如流。

但我仔细一听，确实只是对答如流而已，有些内容甚至没有入流。

关于回答的内容我们需要注意什么？请记住，你的答案都必须是诚实的、坦率的，哪怕回避问题，也不要说假话，否则一切技巧都等于零。诚实很重要。

在回答问题的过程中要注意以下问题：

一、控场

你需要控制时间,虽然你不能控制问题的长短,但是你可以控制问题的数量,必要时候,需要你在心里默数:还有最后三个问题,还剩两个,最后一个。如果现场有表,那就太好了。我会经常在演讲前跟主持人沟通好,提问部分控制时间,以及如果对方的问题问得太长,应该怎样友善地打断对方的叙述。

二、摊开手掌邀请提问者

在你回答前,会有很多人举手,请在任何情况下都摊开手掌邀请提问者,不要用手指的姿势。手指指人是对人不尊重的表现,摊开手掌是在表明你尊重、坦诚的态度。如果你认识房间里的每一个人,那就用名字称呼他们。如果你认不全他们,那就都不用名字称呼。因为,如果你叫出几个人的名字,却叫不出其他人的名字,这容易让人们觉得你对这几个人有所偏爱,甚至会觉得自己像外人一样。原来我们上线下课时,主管经常鼓励老师们记住小班里同学的名字,说这招叫"分数不够感情补",但其实我们并不容易记住每个人的名字。所以我们经常这么说:请那位黄色衣服的女孩子,请那位长头发的男生。

描述特征,也是很好的方式。但记住,别打击别人,比如:那个满脸麻子的女生；那个个子矮的男生……

三、认真和耐心的表情

在提问中，我们经常会碰到啰唆冗长的问题，事实上，大部分的问题都又长又啰唆。因为听众在听完演讲后，刚刚吸收了大量信息，正在思考你的想法，有很多想要输出。而且，提问者拿到麦克风，突然之间成了其余听众关注的焦点，他自然会感到紧张，所以说的话难免结结巴巴、杂乱无章，有时甚至不是个问题。这个时候，你一定要认真、有耐心，千万不要流露出"好无聊"之类的表情，比如看看表，比如东张西望。因为这会造成毁灭性后果，其他人和这位提问者在捕捉你是否在认真聆听方面，可是非常敏锐的。你的任何不耐烦的举动都会被发现，然后影响听众对你的判断。很多时候，我们就这样失去了一个支持者。

1991年，克林顿当时还是美国阿肯色州的州长，他正在跟当时的美国总统老布什进行第二轮总统辩论。到了提问环节，一位26岁的黑人女性站起来问：国债对你们的个人生活产生了什么影响吗？她在问这个问题之前很多话语都是自我的叙述，在她叙述的时候，老布什不知道怎么了，显得很没有耐心，还看了看手表。

接下来灾难来了，这位黑人女性在他看表时接着问：如果没有的话，那你们也就不曾体验过劳苦大众的生活，你们怎么能公平地为普通百姓找出经济问题的解决之道呢？

老布什总统开始回答了，他说：好吧，我认为国债问题对每个人都有影响……

他还没说完，提问者提醒他说：我是问对您个人的影响。

很显然，提问者问的是"个人的影响"，老布什却说的是"对每个人都有影响"，因为他根本就没有仔细听对方的提问，对方提问的时候，他在看手表。但是即使被提醒，他还是试图回到自己的思路上，他接着说：国债跟利率很有关联……这个时候提问者的声音再次响起来，她咄咄逼人地问：我问的是对您的影响。

这是她第二次重复问题了，人在第二次重复自己的话语时，往往带着情绪。可老布什不知道怎么了，依然没有领会，继续答非所问，他说，我希望我的孙子们有能力负担教育……

这回老布什糟糕的回答让提问者彻底绝望了，也给电视机前面几百万的听众留下了非常不好的印象，他们觉得老布什理解能力有问题，对经济一窍不通，最重要的是，他竟然不听底层人民的声音。

在辩论后，记者采访了这位提问者，她很沮丧地说：总统根本没有回答我的问题，这让我有点不舒服。

倾听非常重要，老布什总统回答结束之后，沮丧地坐回到椅子上。这个时候克林顿不失时机地站了起来，径直走到刚才的提问者面前，真诚地说：请再给大家讲讲，国债带给你的影响吧。提问者没有料到克林顿对自己的问题这么感兴趣，她觉得自己被尊重了，觉得自己被倾听了，于是她一时失语，愣在那里。

这个时候克林顿体贴地为她找回思路，他接着问：你刚才说你认识失去工作和房子的人？提问者表示同意，她说：嗯嗯，是啊。

接着，克林顿开始滔滔不绝地阐述自己的观点。

魏斯曼在书里说：在这关键的一刻，克林顿与老布什给了我们截然相反的两个示范，一个擅长认真地倾听，另外一个在别人提问的时候低头看表，然后又完全不能理解对方的问题，导致答非所问。而民调显示，这次事件之后，老布什在民意测验中的票数一路下滑，克林顿的支持率开始上升。

我们可能不会像政客那样，但我们每个人在问答的过程中，都需要注意倾听，好的说话者，一定是个好的倾听者。

四、友善地重复一遍

如果没听明白对方的问题，可以友善地重复一遍对方的问题或自己对这个问题的理解。

"你的意思是……"，"你是想问……"，"我猜你大概……"。

回答问题的人和听众之间存在着一条红线，只要你没有完全理解对方的问题，就不要跨过这条线，不要回答，不要打断，不要猜测。因为只要你跨过了，就要跨到他那边，不要一脚跨到了其他领土，还看着对方。

你要把主动权交给对方，其实，不会有人因为你没听懂他的问题而生气，但他可能会因为你的答非所问而不满意。另外，就算你没听懂，也不要用那种"什么破问题"的语调和眼神投射到台下。如果实在想作为幽默进行调侃，我的建议是：找男生，别找女生。因为男生往往脸皮比较厚，当然也有例外，我曾经在上课时找一位男生发言，他拿着麦克风，哭了……

五、释义挑衅问题

在回答问题的时候，往往会遇到具有挑战性甚至带有挑衅意味的问题。

在听到一个挑战性问题的时候，不要回答，也不要重复，相反，你要释义。这就像是每个优惠券上的大招：最终解释权。

有一次在我的签售现场，一个男生拿着麦克风说："你为什么要写《远离"穷"人》这篇文章？"我知道他肯定是来者不善，我的回答是这样的。

"请问有多少朋友读过我那篇文章？"很多人举了手，我继续说，"那你们记得这篇文章的主题是什么吗？"许多人点头，说："远离思维上的穷人。"

接着我把这篇文章从头到尾讲解完，并说明这篇文章是如何从远离"思维上的穷人"一点点被自媒体改成了远离"穷"人的。后来那个男生签售的时候拿着一堆书对我说："龙哥，我没有恶意，我就是想问问你是怎么想的，谢谢你解释清楚了。"

被误解是表达者的宿命，你说得越多，越容易被误解。所以，在问答过程中进行释义，很重要。什么是释义，就是你一定要有自己的解释。要给人解释的机会，也要给自己解释的机会。

你用不着针对提问者潜在的敌意，要去阐述他关心的核心问题。在问答的过程中，不要把回答搞成辩论，这些年我一直很不喜欢辩论的节目，许多辩论节目找了我好多次，我都没去。因为我知道真理可能是越辩越明，但一定是私下的争论。公开的争论更多时候仅仅是为了博眼球，并不是冲着真理。

其实争论还意味着失去控制——请设想一下，谁会对一个不会控制自己的人产生信任呢？不管面对什么样的问题，请记住我们绝不能还以愤怒，相反，我们要坚定而镇静，这才是最明智的态度。有时候你一生气，一愤怒，一着急，什么都没了。

六、结束时，需要一个强有力的结尾

关于强有力的结尾，请参考后面章节中讲到的"峰终定律"。我们没事的时候，可以设计几个万能的结尾，比如："世界会更好的。""你们会越来越好的。""尽人事，听天命。""你必须十分努力,才会看起来毫不费力。"

等到这些模板都用烦了,就会明白,真正的模板,其实是自己的才华。而自己的才华,都在每一场问答中得到了升华。愿你就是这样的人。

用幽默化解你的烦恼

我们都喜欢幽默的人，也想成为幽默的人，但大多数人对自己的评价是这样：我天生就不是一个幽默的人。

其实，就算是很多看起来反应很快，台上十分幽默的家伙，私下也是很内向的，天生也不懂什么是幽默。许多脱口秀演员、相声演员、小品演员都不是天生搞笑的人。因为幽默的技巧需要练习，完全可以通过后天训练具备这个技能。

每一个在台上幽默自如的人，其实都符合经典的5P原则：

所谓5P原则，就是"恰当的计划能避免糟糕的表现"（Proper Planning Prevents Poor Performance）。不要羡慕那些在台上游刃有余的人，他们无非是下了苦功夫，这跟演讲一样，所有的脱口秀演员都曾经一次又一次地在家写稿子，然后背诵下来。

我在《你没有退路，才有出路》这本书里面讲了一些关于幽默的法则。接下来我主要分享一些实用的方法。

但在之前，我想再次强调，幽默是每个人都可以拥有的特点，不要把它当成多难的事情。幽默是一种手段，它背后要表达的思想和价值观才是关键，比如我们在上课的时候，也经常会讲一些段子，但你如果为了讲段子而讲段子，就是浪费时间，就比如你忽然跟同学说：我看你们都累了，我给你们讲个段子吧……那结果一定是灾难性的。但如果你的段子是配合着知识点讲述的，显然能让更多人接受。

幽默的背后是洞察，洞察能让你表达独特的思想，所以一个善于洞察的人，一定是一个有趣的人。而从不同的角度来洞察这个世界，除了幽默，你还能看到更有趣的东西。

一、幽默能拉近彼此的距离

心理学家马克·阿尔法诺（Mark Alfano）指出：人们很喜欢幽默感，是因为只有幽默感能在短时间内迅速判断双方的契合度。

幽默的第一个作用，就是能迅速打破冰点，让彼此熟悉。

我在每次上课的时候，面对一群新学生，做的第一件事就是先讲个段子。哪怕不怎么好笑，我也尽力讲一个。

幽默能拉近人和人的距离。有一次，我见到一位陌生人，他说他看过我的书，但我不认识他，于是我说："谢谢你啊，要不是你，我的书都卖不出去。"这样，我们的关系一下子就近了。

观察一个人的幽默边界，其实是全面测试对方是否和你拥有相同价值观的方法，你眼里"开不了玩笑"或者"笑点很奇怪"的人，通常也是和你价值观不合、吸引不了你的人。比如有个男生，一见面就给我讲黄段子，我知道他也有自己的幽默体系，但至少在我这儿，我并不觉得好笑。当两个人有着相同的价值观，他们的笑点往往也一样。

幽默的作用很多。它可以打破僵局，可以打破尴尬，甚至可以打破恐惧。好的幽默，能让人的心情变得更好，有时候，你甚至不需要讲什么：你就在那里笑，也会让人感受到有趣。

因为，笑是会传染的。

二、幽默公式

幽默 = 悲剧 × 时间。

仔细观察身边的幽默，其本质都是悲剧。比如《喜剧之王》，其实是一个想当演员的龙套被拒绝的悲剧；《夏洛特烦恼》，其实是一个郁郁不得志的中年人希望穿越回去重新过一遍人生的悲剧；《摩登时代》，其实是卓别林演的小人物工作、发疯进入精神病院的悲剧。

所以有人问一个脱口秀演员：你们是不是经常把生活中发生的倒霉事当笑话啊？

他回答：现在还不是，以后就是了。

喜剧就是远远地看着悲剧，悲剧就是把喜剧揉碎了看。

对我们每个人来说，惨事、倒霉事得经过时间发酵，你才能用一种抽离的、戏谑的、自嘲的眼光来看待它，它才有可能成为笑料。所以不要开那些伤痛者的玩笑，他们只有悲剧，但还没有经历疗愈的时间。所以人到中年，一群人聊天的时候，总会聊到自己的前女友和前男友，一聊都是段子，但如果你才 20 多岁，刚分了个手，这时恐怕就开不起这样的玩笑了。

所以，一个敢于开玩笑的人，往往要么是一个伤痛已过的人，要么是一个坚强的人。仅此而已。

但对很多民族的伤痛，最好不要开玩笑，因为时间还没有完全擦干每个人的眼泪。

三、笑点

我们经常说的笑点，其实就源自一个公式：**笑点＝铺垫＋抖包袱**。

抖包袱，并不是说突然把笑料抛出来，这样并不会好笑，而是要突然戳中听众的笑点，想要达到这个效果，需要你击碎有意构建起来的兴趣和期待。

这样，就得先让观众产生兴趣和期待，方法就是铺垫。

铺垫不好笑，但铺垫可以把人们的思路引向一边，然后忽然把包袱抖出来，摔在地上。

宋方金老师在《刺》这本书的发布会上讲过这么一段话：很多人遇到校园暴力的时候，第一反应就是在网上反驳，在现实中反击，大不了和人家拼了，尚龙不一样，他写了本书。由此可见，尚龙不太能打。

用尽所有的力气朝着一边，构建语言里的世界，然后忽然把所有的力量指向另一边。这样就让大家觉得他是一个很幽默的人。

抖包袱这个技巧，在相声里特别常见。比较经典的例子，是马三立先生的相声小段《逗你玩》。故事一共三分多钟长，但前面两分多钟都没什么可笑的地方，因为他一直在交代背景，简单来说，就是系包袱。马先生在前两分钟交代了一下背景：那时候大家住的一般都是平房，一个三十多岁的妈妈在街上晾好衣服要回屋做饭，但是又怕小偷来偷衣服，就让5岁的孩子小虎帮忙看着。这时候，小偷来了，小偷跟小虎搭讪说：小孩，咱俩一起玩儿吧，我叫逗你玩。然后，让孩子反复叫了自己几遍。

铺垫差不多了，观众的兴趣也已经被推向顶点了，因为所有观众已经做好了笑的准备。接下来马先生要做的，就是把"包袱"抖出来。

小偷拿走了裤子，小孩赶紧冲屋里喊：妈妈，他把裤子拿走了。妈妈问：谁啊？小孩说：逗你玩……

现在我们破解这个包袱时，是不是觉得挺无聊？这是因为幽默有一个特点：意外感。当我们把意外感丢失，笑料也就没了。所以讲幽默课的老师，往往并不能让这门课好笑，是因为在拆解段子的时候，失去了意外感。

我从大卫·尼希尔的著作《如何成为讲话有趣的人》里也看到了一个案例：好奇纸尿裤的母公司金佰利克拉克公司的前总裁达尔文·史密斯要给公司的员工做一个演讲。

他的第一句话是这样的：好，我们现在起立默哀。

所有台下的人都非常疑惑，为什么要默哀？但看着很多人都起立，自己也站了起来。

默哀了几分钟后，史密斯用沉痛的语气说：刚才我们是在为××公司默哀。

台下的人都笑了，因为××公司是世界知名的日用消费品公司，也是金佰利公司的竞争对手。

我们拆解这个段子，发现默哀就是在铺垫，在这段时间里，一头雾水的听众，一直在好奇，为什么要默哀？为谁默哀？这就是系包袱。

这个过程就像坐过山车，慢慢地开到顶点了，这时候，一定要停一下，让人意识到，就要冲刺了。然后，把包袱抖出来，笑声也就跟着来了。大卫说，制造悬念没那么难，在演讲中，一般用短暂的停顿就可以做到了。

但细心的你有没有发现一个问题，如果你刚才那个包袱没笑，会不会是因为感受到了一丝恶意？会不会觉得，人家虽然是你们的竞争对手，但也犯不着诅咒人家死吧？默哀是什么意思呢？

四、尺度

我们看网上好多相声演员都遇到过同样的问题，他们的段子可能伤害到了别人，比如调侃汶川地震，比如调侃慰安妇。这些是大忌，民族和国家的神圣感，在公众幽默中一定是禁忌。别说这个，就算调侃一个陌生人，也会遇到他忽然站起来泼你一身水的可能。因此我们可以得知幽默的又一个特点：有些幽默可能会伤害到人。

如果你决定调侃别人，请私下一定跟别人交流一下。问问对方的底线是什么，至少对方的家庭、隐私、性取向是要尊重的。

但是，有一种调侃肯定不会得罪人，那就是调侃自己，也叫自嘲。自嘲，永远是安全的。你可以调侃自己的缺点，可以调侃自己的不足。

自嘲，是演讲者贬低身份让观众获得自我优越感的一种手段，尤其是习惯性站在台上和人沟通的演讲者，自嘲很重要，因为你已经站在台上跟观众有距离了，如果还在自我夸奖，很容易造成距离感。观众认为演讲者能站在台上一定是充满自信的。因此，当演讲者自嘲时，观众会顿感意外，然后报以哈哈大笑。这种笑声通常也基于心理共鸣：原来演讲者和我们一样是个普通人啊，于是亲切感、意外感都来了，演讲者和观众的距离也就被拉近了。

要记住，幽默是一种利器，可以缓解现场的紧张气氛，只有让观众对你产生好感，他们才会接受你要传递的信息。

你仔细观察会发现，只有很自信的人才会自嘲。他们觉得虽然我个子不高，但是我可以去努力赚钱；虽然我穷，但是我相信未来会更好；虽然我丑，但气质这块我拿捏得死死的。我们只有敢去调侃自己的缺点，才能真正把缺点放下。

很多严肃的人，喜欢指责别人不该拿什么东西来开玩笑。但仔细观察就会发现，有幽默感的人，对这类事儿看得就比较宽容。老舍说，幽默的心态就是一视同仁的好笑心态。这种心态在人生里很宝贵。但这个世界五花八门，什么人都有，尤其是当一个人火了，调侃他的时候更要小心，但对自己可以残忍些。

五、酒吧测试

在西方，酒吧和咖啡厅一样，都是社交的场合。所谓酒吧测试，并不一定要在酒吧，其实就是抓住任何一个公开讲话的机会，讲一讲自己的段子，看看效果如何。你可以对不同人说，可以是对一群人说、一个人说……

和人的互动，是检测这段话是否幽默的最好方式。如果觉得这段话效果好，就赶紧记录下来，下次可以再试试。幽默就是你这么一次次实践来的。

六、场

你有过这样的经验吗？这个笑话，你今天听怎么都不觉得好笑，可是第二天你对另外一群人说起时竟然会觉得十分有趣。

同样的笑话，为什么能有不同的反应呢？

"场"是个神奇的东西，观众互相并不认识，但是他们一旦到现场，就像变成了同一个人，要么一起笑，要么一起不笑。我们想想相声剧场观众的起哄，大概就明白了。他们好像有人统一调度一样，这就是群体性。所以想要掌控观众，你一定要让观众都进入你所设定的"场"里面。准确来说，只要不打破场，怎么做都可以。

开心麻花在表演话剧前，都有一个预热的项目，就是和场下的观众互动。这个举动一直很受欢迎，观众会立刻进入幽默的场里，然后开始同样一段旅程。大卫使用的方法很简单，他会跟所有人说："如果能听到我，请鼓掌示意。"鼓掌这个统一的动作，就把大家的注意力集中在了一点上，他想要的"场"也就形成了。这也就是摇滚里所说的"燥起来"。

大卫说，你一定要在前 30 秒内快速抓住观众的注意力，告诉他们你是谁，为什么要听你讲，还要设法让他们喜欢上你。场子暖没暖好，效果差别很大。

大卫曾经两个晚上讲了同样的段子，效果截然不同。效果不好的那一场，他就相当于搞砸了开头的 30 秒。

这样的案例很多，场不仅在幽默中重要，你想想如果在一个周五晚上，你去了一家夜店，看见无数人把手放在空中甩，这个时候，音乐忽然停了，灯光也亮了，你能想象他们继续摇头摆手的样子吗？离开了"场"，人的表现自然就不一样了。

七、活下来不容易

脱口秀在国外已经有了很多年的历史，而在中国也就是这两年才慢慢被大众所接受。前些日子我也认识了一个全职说脱口秀的人，他说有一天他们一群人聚会：A说，我无业；B说，我也没找到工作；他说，我是全职脱口秀演员。所有人都看着他，说："明白，也是无业。"

这些年我认识好多靠幽默为生的人，都期待自己成为李诞、郭德纲，但实际上，很少有人能成为他们。因为有些事情，是可遇不可求的。

但台上一分钟，台下十年功。除了熬年头，还有件事更重要：就是持续地进步和成长。

《如何成为讲话有趣的人》一书中说：一个人想要以脱口秀表演为生至少需要七年的勤奋练习，每分钟的表演都需要在平时投入22小时的时间做准备。

八、几个基本原则

最后,我总结出关于幽默的几个基本原则,这几个原则对男女都适用。

1. 别用力过猛,该严肃的时候就要严肃。"幽默像菜里的葱花,调节气氛还可以,一盘子都是葱花就没人想吃了。"换句话说,不能为了幽默而幽默,你和人聊天还是需要有些正经话的。

2. 不要随便开荤腔,"上来就说带有性暗示的笑话是有风险的"。这里多说一句,公开场合还是不建议讲荤段子,尤其是女孩子,在亚洲这样的文化氛围里,有时候会被渣男认为你很随便。除非十分熟悉,要不然尽量不要这么做。

3. 如果对方理解不了你的笑点,没关系,幽默感是可以磨合的,多沟通尝试,或许两个人就会逐渐笑到一起。

4. 如果你实在不是一个幽默的人,也没必要逼着自己非要幽默,讲故事吧。

如何做一场高效演讲

一、机会很重要

说到公众演讲,我还是挺有发言权的,毕竟我也是在 20 岁的时候获得了全国性英语演讲比赛的季军,工作后也几乎没有离开讲台。其实关于演讲,市面上相关的书实在是太多了,我也翻阅了几本,几乎是大同小异,都强调内容、强调手势、强调语气语调、强调多练习,但却忘记了一个最重要的事情:演讲的机会才是最稀缺的。

你就算学会所有技巧,没有机会,也是白搭。

早年我们在新东方,为什么很多名师的演讲实力都很强,是因为新东方有一个非常好的正循环体制:你的课讲得越好,你的课时就会越多;你的课时多了,讲得就会更好,从而课时会更多。后来我们从新东方辞职了,也总结了许多演讲的技巧,大家只有一个共同点:有很多演讲的机会。不得不否认,演讲的机会才是最稀缺的,一个人就算有着马丁·路德·金的内容,有着安妮·海瑟薇的样貌,如果他没有机会站在一群人面前，没有大量的机会在失败后再重新站在一群人面前，那他也不可能成为一个演讲高手。

所以，机会是最稀缺也是最宝贵的，在你学习演讲技巧前，请一定要记住：珍惜每次当众讲话的机会。就算没有，也不用绝望，因为你可以找一些空教室、空场地还有一些空房间，站在台上，想象下面有很多人在听你演讲，而你要把自己的话讲出来，久而久之，你就不会害怕了。不要觉得这个方法不重要，我就是用这个方法练习自己的英语演讲的，一开始我还觉得有点尴尬，后来习惯了，再之后当着人演讲，也不会紧张，因为我的心里就在假设台下空无一人。直到今天，就算知道台下有人，也不会担心了。因为大量的练习，这些流程和套路就会深入骨髓。

训练是王道，这是谁也没办法帮助你的事情。倘若你有机会在公开场合做够一百次演讲，每一次演讲结束，都能好好复盘、改进、更新，你的演讲能力不可能不行。所以如果有一点点机会，都请抓住，站在台前。

二、逐字稿

克里斯·安德森，TED 的创办人，他写过一本书，叫作《演讲的力量》。书里说，一个好的演讲需要遵守三个"有"：有内容、有准备、有亮点。内容排第一。我们往往不会为了演讲而去演讲，我们是为了讲点什么，所以才选取了一对多的方式。在这个以内容为王的时代，你讲出的内容，最能决定你是不是一个优秀的演讲者。直到今天，我在每次演讲的时候，依旧会写逐字稿，能背下来就背下来，背不下来的话就算我上台念，也不要让自己脱离这个稿子。原因很简单，第一，你写的逐字稿，是代表着你真的在认真准备；第二，当场发挥的话你很可能一句话没说对，被人剪下来放在网上，断章取义，然后遭受网络暴力，划不来。所以，想要让自己的内容好至少做到没有瑕疵，我的建议是写逐字稿。

我经常跟我的同事们说，上课前，一定要写逐字稿。他们问为什么一定要写逐字稿？我说，你们先别问，可以试试。后来很多老师都感谢了我。

原因很简单，因为老师在课上的时候，谁也不知道会发生什么，比如突然有学生打断你，比如你那天忽然不舒服，比如你的思维忽然短路了，这个时候，逐字稿就代表着你内容的底线，你讲得至少不会比这个更糟。每次上课前，我都会自己在家写逐字稿，每当夜深人静，我还在打磨某句话该怎么说时，才真切意识到"台上一分钟，台下十年功"到底是什么含义。

三、要有好的开始，也要有好的结尾

好的内容包含什么？

我的理解是这样的，除了知识的深度，还要包含一个好的开始和一个好的结尾。

开始的时候，你需要做的只有一个：吸引人们的注意力。比如你可以先提个问：有多少朋友曾经上过这门课？有多少朋友曾经读过这本书？有多少人认识我啊？这样的互动，能很快拉近人和人之间的距离。你也可以讲一个笑话，讲一个故事，出一个丑，以这样的方式开头同样能吸引别人的注意力。

但有时候，你实在不知道怎么开头也没关系，结尾令人印象深刻也不错。这就是心理学中著名的峰终定律。什么是峰终定律，简单地说，就是一个普通人对一场演讲的评价只会关注两点：是否有高潮，是否有个好的结尾。其他的他可能都会忘记。你可以下载TED演讲，看看他们都是怎样结尾的，无论他们前面讲得如何，结尾一定是很干脆利落的。我最喜欢的古典的演讲《做生活的高手》就是用这样的方式结尾：请记住，把自己的目光交给自己的目标，而不要交给自己的对手。这是一种用金句结尾的方式，同理，你也可以用一种幽默的方式结尾，甚至可以这么做：把你开头讲的故事再说一遍，这叫首尾呼应。

但说实话，我不太喜欢特别激情的结尾，比如在台上忽然"啊"，然后念了首诗或者唱了首歌。这种演讲我总觉得像传销。好的演讲，应该从内容上给人共鸣，让人感动，而不是从语音、语调上带着别人去共鸣，逼着别人去感动。

除了开头和结尾,当然还有中间的亮点,我刚开始当老师的时候,听老教师尹延说过一句话:"如果一节课两个小时,你必须用十倍的时间去准备。"我后来真的这么做了,才知道他两个小时的课,竟然可以用二十倍的时间去准备,连每个段子都有逐字稿,怪不得我的评分总是比不过他。演讲是个苦活儿,你必须十分努力,才能看起来毫不费力。TED上面几乎所有的演讲都说得很自然,很多人并没有经过演讲培训,他们只不过是各行各业的高手,但依旧能讲得很好。其实,那是因为他们已经把稿子背得滚瓜烂熟了,每一句都是设计过的,没有一句多余的话,一段18分钟的演讲,有人会花200个小时准备,经过无数次的修改删减,没有捷径可走。而一个人如果想要登上TED的舞台,至少应该珍惜生命里每一次上台的机会。一点点提高自己的演讲能力。中间除了要下死功夫,还要时刻想办法去制造亮点,我在古典《做自己》的论坛里做过一场演讲,我演讲结束后,很多现场的朋友都来跟我聊天,他们都在对我说:"你讲的彩蛋真有意思!"他们之所以记得我这句话,是因为我一直在我的演讲里讲彩蛋的重要性,我强调了很多遍,于是它成了我演讲的亮点。其实还有很多办法,我简单分享几个例子。

你可以用金句。马云在演讲里说:"我们不能决定自己的出生,但可以决定怎么离开这个世界!"

可以借助道具。比尔·盖茨在TED演讲的时候,带了一个小的透明玻璃瓶,然后他告诉大家:"这个瓶子里面装了很多带有疟疾的蚊子，现在我要把它们放出来，让你们这些富人也尝尝被咬的滋味。"

可以利用PPT。比如在讲到亮点时刻意放慢自己的语速。

可以讲故事。我在后文里会跟大家分享故事的重要性以及如何讲故事。

可以出其不意。比如：世界演讲冠军戴伦有一次演讲的时候，在台上竟然摔了一个大跟头，观众哄堂大笑。这个时候戴伦说："我摔跟头的时候，大家都说快起来，这太令人尴尬了，但是我的老师却说，在地上多趴一会儿吧，演讲者的任务不是让观众感觉舒服，而是要引起激烈的变革。"可想而知，他这一个跟头再接上这么一段话，一定给观众留下了难以磨灭的印象。

四、实用小窍门

最后我也分享一些拿来就可以用的小窍门：

1. 穿着：

加州大学洛杉矶分校心理学系的梅拉宾教授，在1981年的时候有过一个著名的研究，叫作"无声的信息"，他的研究结果表明，在影响力方面，形象部分占的比重最大，达到了55%，其次才是内容、语言、语调。正式场合当然穿着要正式，其他不正式的场合，至少做到洗个头。

2. 表情：

我们每个人脸上都有 43 块肌肉，平时最多就用到 3 块。如果你平时就是一张从来不爱笑的脸，演讲的时候你最好让它动起来，眉毛要尽量上扬，要发自内心地笑一会儿。中国有句话叫"伸手不打笑脸人"，但你不能笑得太猥琐，这样，上台之后观众才会感受到你是一个积极乐观的人。没有观众会希望听一个完全没有表情的人分享任何知识和经验，观众只会喜欢乐观的人，因为乐观能传染。多说一句，如果是一个比较悲伤的场合，比如葬礼……请不要笑。

3. 目光：

你的目光一定要看向观众，不要翻白眼，不要看地板，最好一次只盯着一个区域的一个观众。讲完一段话，跳到另外一个区域，再找一个观众盯着他讲，就像他是你的朋友那样，放心，那个观众不会觉得你在看他，其实那个区域的所有的观众都会觉得你在看着他，这样你的观众全都能被照顾到。千万不要用眼睛来回扫，找一个你的目光点。可能你会觉得我盯着他们看，就容易忘词。我不知道该怎么跟你说，我只能告诉你，多去练习吧，只有多练习，才会在照顾到眼神的时候，牢记内容。

关于眼神，迈克尔·埃尔斯伯格的著作《眼神不败术》里还说过更详细的话题。

第一，演讲前不要马上说话，站在讲台前方，让双脚牢牢地站稳，与此同时，看向听众的眼睛。如果听众人数比较少，可以和在场的每位听众进行眼神接触，如果人数较多，那么可以挑几位听众做眼神接触。不要扫视全场，给人不亲切的感觉。

第二，在演讲中不要过多地关注不友善的眼神。一个人对着一百人演讲，总会有一两个人不喜欢你的。这是很正常的，不过在安保健全的场地，至少他们不会上来打你，请放心讲你的。演讲者在演讲中总是想尽力取悦所有人，所以他们的目光很难从那些表情凝重的人身上移开，他们总试图通过对视弄明白对方在想什么，但这样做却往往会拖累演讲，越讲越不敢讲，越讲越觉得自己是错误的。何必呢，一定要抑制自己的好奇，将目光转向那些眼神友善的人，和他们对视，你会发现越讲越开心。

第三，在演讲中和个别听众对视的时间应以心跳而不是秒为单位计算，一般以三到五个心跳为宜。演讲者和听众的交流得靠身体感受，而不是靠机械式的计算。其实你在演讲台上久了，一定会有自己的节奏。

第四，在演讲中如果有PPT，先看向或碰触PPT上的内容，然后转身面向听众后再开始讲解，同时眼睛直视个别听众，讲完这一页PPT后再和另一位听众进行眼神接触。

4.PPT：

其实不仅是 PPT，还有你现场放的音乐、视频都有很强的辅助作用，让听众对你的要点一目了然，但是在使用这些辅助工具的时候请注意，不要喧宾夺主，切忌用繁复的 PPT 轰炸观众，好像洗牌一样一页页翻阅准备好的 PPT，这对听众来说就好像一场灾难，他们眼花缭乱，甚至无法体会你到底要说什么。我曾经遇到过一位老师，他的 PPT 十分耀眼，上课就在念 PPT，后来他的课逃课率最高，因为学生会在课后去拷他的 PPT。要知道，你的演讲才是主角，PPT 永远都是配角。

最后，请千万别把演讲想得多么高大上，也别想这玩意儿离你有多远，事实上，如果你知道如何在饭桌上对着一群朋友讲话，你就会做一个好的演讲。好的演讲会让你受益匪浅，因为这个时代牢牢掌握在输出者的手中，输出者只有两种普遍的方式：写作和演讲。

而演讲比写作传播得更远。

多一种语言，多一种思维方式

这里所说的多掌握一种语言，不仅仅是英语，也包括其他各种各样的小语种。很多人问为什么要学外语，尤其是在翻译软件这么便捷的今天，很多语言几乎可以实时翻译，为什么还要费脑子学外语呢？答案如下：第一，会外语很方便；第二，学外语更多学到的是一种思维方式；第三，真的能赚钱。

最新数据，在这个毕业就容易失业的今天，小语种专业的人，工资都十分可观。除了英语，你也可以试试这些语言：西班牙语、法语、意大利语、阿拉伯语、日语、俄语等。

掌握这些语言的人，在国际上都是短缺的。

比如法语就十分实用，学会法语不仅可以在法国很好地生活，加拿大、比利时、瑞士、海地都把法语当成第二、第三官方语言，不少本科生毕业后，都会选择到国外工作，国际上法语翻译人才十分欠缺，所以，公司开的工资都非常可观。

"一带一路"沿线数十个国家和地区有几十种官方语言。其中，西班牙语、阿拉伯语、葡萄牙语、意大利语等专业人才都很紧缺，就业前景非常乐观，学一门外语简直是再好不过的投资。

不仅如此，学习外语还有个非常大的好处：改变你对世界的认识。

我们可以用机器翻译语言，但是机器翻译不了文化，就好比无论一个人的英语多么好，都不能翻译出"感时花溅泪，恨别鸟惊心"这样优美的诗句，很多外国人也正是为了理解这样的诗句，才决定学中文的。

语言除了语言本身，背后还有大量的潜意识、大量的文化内涵，而学外语的作用就是：改变你的偏见，用不一样的角度看这个世界。

我在很多年前认识一位学西班牙语的朋友，我问他你怎么看《百年孤独》，他说，这是一本你只有看原版才知道它很牛的书。我虽然也看过很多遍中文版，但总感觉在翻译的过程中，丢掉了很多东西，这些东西是什么，我想也只有我学完西班牙语才能得知吧。

其实中文里也有很多东西是外语翻译不了的，比如宫保鸡丁、老婆饼、夫妻肺片、狮子头。再比如我们中国古代的青楼、镖局甚至忠孝的概念，这些放在外语里都非常奇怪。曾经有一位美国的朋友跟我讨论了半天什么是镖局，最后他非常确定：镖局就是我们现在的快递小哥，只是他们现在不拿刀了而已。

我自己在学英文的时候，一开始在心里总是会把学到的东西翻译成中文，可是学到后面，才发现很多语言都是没办法翻译的，那种强行的翻译，对语言来说反而是一种伤害。比如雪莱的诗、莎士比亚的戏剧，如果你不懂外语，不懂对方的文化，你可能会觉得它好看，但不会觉得它伟大。但如果你懂外语，你总能感觉这世界有很多东西，是不能用自己的母语思考的。久而久之，我开始逼着自己用英文去思考了，具体怎么做呢？

我开始看英文原著、英文报刊，逼着自己看美剧时不看字幕，去感受那种语言环境。

一开始难度很大，养成习惯后，也就成了生活的一部分而已。

学外语并不是什么奇怪的事情，在美国，大学生几乎都会两种语言，哈佛、耶鲁这些顶尖大学的学生，有的甚至会三四门外语。这都是生活的常态。

如果你问我除了英语，还有什么语言是值得推荐学习的？

首先要看难易程度，有句广为流传的话是这样说的，三分钟韩语，三小时英语，三周的日语，三个月的德语，三年的俄语，三百年的阿拉伯语。所以你应该根据自己的接受能力选择适合自己的难度。

以下是我认为值得推荐的语言。

法语：

英语和法语分属两个语言族，直到今天，法国人对英语依旧十分排斥，可英语中最常用的单词里，有81%来自法语和拉丁语。英语和法语真是一对欢喜冤家,当你学法语时,你会发现法语中有大量的英文词汇。很多法国人都为优美的法语而骄傲,拒绝学习其他语言。但是英国工业革命以及美国崛起之后,英语就逐渐地替代了法语的地位。

西班牙语:

全球超过5.5亿人都讲西班牙语,西班牙语同时也是联合国六大官方语言之一,覆盖西班牙以及拉丁美洲的众多国家。

日语:

近几年来,日企在我国沿海城市越来越多,久而久之,日语人才的市场就变得紧俏起来了。多种迹象表明,语言的掌握应用和外资企业就业有着息息相关的互动性。随着越来越多的人开始去日本旅游,他们发现,日本人真的不会说英语,想要交流要么用手语,要么还是要学点日语。

沟通锦囊：

当你发现和别人已经没话说时：

第一，从外表入手。
从细节入手夸对方，比如着装、包、鞋子、首饰、发型等。

第二，选择开放式的话题。
不要给对方二选一的封闭式问题。
每个问题后面加一句：你觉得呢？你是怎么做到的呢？等等。

第三，准备一些万能的问题模板。
最近读了什么书？
假期去哪里比较好玩？
看了哪部比较好看的电影？
抛出这些问题就把谈话的重点转移到了对方身上。

实战笔记

沟通锦囊：

如何有效向别人提问：

第一，把自己的疑问汇集成一个核心。一个核心结束后，再汇集到另一个核心，切记不能多点开花。

第二，别提出虚头巴脑的问题，而是从自己的角度出发。

实战笔记

PART 5

讲故事是每个人必备的能力

我们通过故事来了解这个世界,并不是因为故事是最正确、最真实地理解这个世界的方式,而是因为,无论你是喜欢还是不喜欢,这种基于想象力而不是理性思考的思维方式,已经陪伴了人类许多年,它早已根植在人类的基因里。

为什么要学会讲故事

如果要问什么样的形式可以更好地传播自己的观点,答案只有一个:讲故事。讲好一个故事,是当今这个时代交流和传播最有效的方式。

为什么要讲故事,因为故事代表着有趣,所以才能有效地广泛传播。你可以告诉人们不要说谎,也可以给他讲一个《狼来了》的故事;你可以告诉孩子不要贪心,也可以给他讲一个《下金蛋的鹅》的故事;你可以说校园暴力不对,也可以给他们讲一个《刺》的故事。在人们听不进去道理的时候,故事几乎成了唯一打通人们心灵的方式。

为什么讲故事很重要?罗伯特·麦基(Robert McKee),被称为"好莱坞编剧教父",他在《故事经济学》里给出了自己的答案。麦基认为,故事的出现,源于人类在进化中的两次觉醒。

第一次觉醒,是"我"这个概念的出现,这是一个非常漫长的过程。大约三百多万年前,地球环境的剧烈变化,使人类祖先的中央神经系统发生了快速增长，这个增长直到今天，已经找到了科学依据。这个速度有多快呢？据记载，大概每三千年，能长出一毫升的脑灰质和脑白质。其中，脑灰质代表脑细胞，脑白质代表神经纤维，通俗地说，就是人类开始长脑子了，和别的动物不一样的脑子。

随着时间的流逝，经过一次次突变，人类祖先的大脑终于长到了一升，不仅体积变大，结构也变得更加复杂，上千亿个细胞紧密连接。大脑在神经强度紧绷到极限的时候，涌现出了第一个概念——"我"。"我是谁"不光是一个深刻的哲学问题，也是人类长出发达大脑之后产生的第一个问题。这就是人类的第一次觉醒。"我"的涌现，赋予了人类一种其他动物没有的能力，这就是审视自己的能力。自我审视很独特，比如让一条狗看湖里的自己，它只会冲下去抢走湖里的肉，麦基说，其他任何一种动物都不可能产生类似的感知，比如猪圈里待宰的家猪，它们眼看着同类一个个被宰杀，但任何一头猪都不会觉得"有一天会轮到我"，因为它们的意识里根本没有"我"这个概念，它们不会对自己的存在有任何感知。但人类却能够将自身作为客体来审视，也就是用外部视角来看待自己。因为能自我审视了，所以人类的思想一分为二：一个是外在自我，一个是内在自我。外在自我是所有事件的亲历者，换句话说，就是你的肉身，依靠生存的本能觅食、捕猎、交配，而内在自我的职责就是观察外在自我，换句话说，就是你看不见的灵魂。但是，对于早期的人类来说，这种自我审视能力会带来什么样的感受呢？不是喜悦，也不是满足，而是无尽的恐惧。因为自我审视意味着，人类开始能够感知到自己的命运。他们通过对同类的观察来揣测自己的命运。眼看着同类遭受疾病、伤痛、死亡，人类开始琢磨一件事，那就是"是不是有一天，我也会这样"。于是有了死亡的恐惧，人们开始滋生出各种各样的故事，如果你读过《圣经》就会知道，上帝造人的时候是不给人们独立思考的能力的，但如果你吃了苹果（启智），你就可以获得自我反省的能力，这种能力其实就像麦基说的自我审视，比如亚当吃完苹果第一件事是找片叶子把自己遮起来。

注意，这种感觉看起来很普通，但是假如没有"我"这个概念，这些感知就无从谈起，这些感知最先都是自我的意识。

在刚刚萌生心智的人类看来，这个世界充满了不确定性，他们不知道为什么会有台风、洪水、地震，他们会好奇人为什么生病，会问生命结束之后人去了哪里。所以对我们祖先来说，一切都既恐怖又神秘。

为了摆脱对未知的无尽恐惧，人类必须为这一切找到答案，给所有的不确定性做一个确定性的解释，但是原始人没有任何科学手段，又怎么可能解释得了这些自然规律呢？应该用什么方式去抵御对未知的恐惧呢？答案指向了故事。

所以人类的心智在第一次觉醒，也就是萌生出"我"这个概念的基础上，紧接着，他们涌现出了第二次觉醒，这次觉醒带来的就是编故事的能力。

人们开始设想各种故事，来寻找合理性，比如天上之所以会电闪雷鸣，是因为天空背后有一股控制天气的神秘力量。久而久之，这种力量被赋予实体，成为掌管自然的神明，也就是希腊神话里的宙斯，中国的神话里叫雷公。每个国家的原始神话，都是用故事来赋予一切意义，比如人之所以会生病，会遭遇痛苦，是因为得罪了某些鬼神，所以遭到惩罚。

因为有了这些故事，一切的不确定性都在人们的想象中完美自洽，一切都可以归结为某种因果关系。

尤瓦尔·赫拉利的《人类简史》也讲过相似的观点：智人之所以能走到今天，也是因为会讲故事。因为会讲故事，才能作为群体，组成大规模的集体进行复杂的合作，于是有了火，有了社群，有了国家。人类之所以在一起，是因为共同相信点什么。比如夫妻，大家相信他们的爱情故事；比如我们这群人，相信通过学习、读书可以改变自己的命运。

因为我们的祖先学会了讲故事，经过时间的积累，根据达尔文的进化理论，讲故事的心理机制植入人类的DNA中。遗传给了我们，有本书叫《进化心理学》，一种心理机制之所以能够存在于现今的人类身上，一定是因为它曾经成功地为人类的祖先解决过某个特定的问题。

讲故事就是这样帮助人们活了下来。这就是我们为什么说到故事，听到故事，写到故事，都会感到亲切，都能很快钻进那字里行间所描述的情景之中的原因。

所以，对于我们人类这个物种而言，通过故事化思考解决问题，一定比非故事化更令人好接受。

我们通过故事来了解这个世界，并不是因为故事是最正确、真实理解这个世界的方式，而是因为，无论你是否喜欢，这种基于想象力而不是理性思考的思维方式，已经陪伴了人类许多年，它早就根植在了人类的基因里。因为我们需要求知，需要寻找确定性，所以我们有了故事。所以在这个时代里，如果你想不被抛弃，讲好一个故事无比重要。

比如早年，我们的广告几乎都是放在电影、电视剧的开头，有人看吗？几乎没人看。大家都是在广告时间自己做自己的事情，时间到了才开始看。后来有人把广告放在内容中间,这种被打断的感觉，只会造成大家的厌恶。当你正在津津有味地看一个故事时，忽然插播一则广告，你肯定会把不喜欢的感觉在潜意识里跟这个广告联系在一起。现在视频网站有了改善，他们开通了会员制度，只要你交钱，就可以免去广告，但是他们又忘了，要是连会员都办不起，广告里的产品也买不起啊。所以，广告之所以越来越令人讨厌并不是因为广告的问题，广告没问题，没有广告也不可能会有推广，广告之所以被讨厌只是因为广告没有进行故事化。

我举个例子，有一条三分钟的广告片，名叫"梦骑士"，它宣传的是中国台湾的大众银行，假如你有兴趣，也可以亲自去网上找找看。这个故事是这样的：

故事的主人公是几位退休老人，他们曾经是一群喜欢骑摩托车的骑士，如今，他们已经年迈，各自过着平淡的退休生活，准备就这样日复一日地过完这一辈子。

但有一天，其中一位老人过世了。伙伴的离去在其他老人内心激起了巨大的波澜，他们意识到自己也难逃这样的宿命。

于是他们决定带着伙伴的骨灰，做人生中最后一次摩托车环岛旅行。

最终，他们克服了身体的伤病，完成了这个不可能的任务。

故事一讲完，马上加广告：屏幕上出现一行字，"不平凡的平凡大众"，这是大众银行在向所有用户致敬。

是不是忽然不反感了？

在广告这个行业里做得较好的是泰国。泰国的广告为什么从来不招人讨厌？因为泰国的广告全是一个个故事带出来的。故事化广告的兴起，从某种程度上讲并不是创新，它其实是还原了一个人类的真相：我们天生就是故事动物，人类的大脑原本就是一部不断接收故事并且不断创造故事的机器。

所以这个时代，我们一定要学会把我们的产品故事化，把我们的身份标签故事化。

我在《你要么出众，要么出局》里，写过一篇故事：《你好，考虫》，这是 2015 年我写的早期考虫又没钱又没资源的时候的创业故事。当时也没想那么多,只是一个我对那段日子的交代,我想就算我人没了,考虫没了,这个故事至少会留下。最有意思的是,很多人都是看了这篇文章后来到了考虫上课。可以预见,未来的广告也将越来越多地使用故事,讲故事也将成为广告最重要的形式,甚至我们的沟通如果用故事,也更容易让人理解。

麦基说,一个能赚钱的营销故事,不仅要是一个好故事,更要带着明确的商业目的和营销技巧。像马云、乔布斯、谷歌的创始人拉里·佩奇、亚马逊的创始人杰夫·贝索斯,他们演讲的故事都带着明确的商业目的,只不过,他们把这些目的藏得很深,让听众以为自己只是听到了一个故事,殊不知,其内心的消费欲望已经在不知不觉间被调动起来了。这让我想到了直播领域的带货,他们也都是会讲故事的人,这样才更能带动产品。一个产品如果有自己的故事,被人口口相传,也能让更多人知道。

在新的时代里,讲故事的能力,一定是人最重要的能力之一。

如何讲好一个故事

讲好一个故事是一项很重要的技能。我们知道的许多传说都是口口相传留下来的故事，那个时候没有文字，口口相传的故事其实是集体创作的结果。在现代社会，尤其是在人和人完全不了解对方的时候，只是单纯用形容词介绍自己，说什么自己是个很友好、很上进的人，还不如直接在介绍自己的时候，讲一个故事。

《故事思维》的作者叫安妮特·西蒙斯，是美国知名咨询公司的创始人，在这本书里，我获得了很多启发。

书里有个人叫斯基普，35岁，在美国接手一家自己家族的公司，因为他的背景和年龄，股东们普遍不太信任他，毕竟，股东都是他爷爷那一代的人。这个时候，故事登场了。斯基普第一次在股东大会介绍自己时，讲了他的一个亲身经历：斯基普说，他曾经给一家造船厂画电器平面图，那时，他恰恰是这个专业的高才生，又从小在船上长大，对船特别熟悉，很快画好了图，自认为万无一失。却被船厂的一个工人发现了错误，斯基普开始很不服气，心想怎么可能，直到他亲自去船厂一看，才发现果然错了。原来斯基普是个左撇子，和一般人的视角是反着的，所以图纸就画反了。

后来在船厂的同事送给他一双网球鞋，左脚是红色的，右脚是绿色的。人家是想告诉他，从今以后一定要分清左右。现场很多人都笑了。他还说：这个事儿还告诉我，以后就算再有把握，也得听别人的意见，哪怕那个人是一个每小时只挣六块钱的工人。

斯基普讲完以后，股东们都笑了，那些怀疑的眼神也随着这个故事的终结消失了。因为股东们从这个故事里听出了几层意思：第一，这个斯基普虽然年轻，但已经拥有一线工作的经验，也从工作中得到过教训和磨炼，不是他们想象中的那种纨绔子弟；第二，不能仅仅根据一个人的身份，就先入为主地给他贴上标签，那样只会导致自己的判断出错；第三，他会听股东的建议，他甚至会听一个每小时只挣六块钱的工人的建议。

这个故事的结局显然是斯基普打消了股东们的疑虑，而他做的，仅仅是讲了一个故事。

故事是传播价值观的载体，好的道理不要直接说出来，放进故事里。

接下来，我们介绍五条讲故事的要点：

一、自我介绍

第一种类型的故事，是要告诉别人"我是谁"。在一个场合，你如果需要介绍自己，只需要介绍三点：我叫什么，我为什么来这里，我想要干什么。

比如我叫李尚龙，我是被张总邀请来的，我希望手上的这个项目可以找到合作伙伴。当然，也可以用一个更有趣的故事，这个故事，你最好提前想好。

在信息爆炸的时代，当你想说服别人时，对方最需要听到的不是信息，而是你是谁。尤其是年轻一代，你要先介绍你是谁，和他们关系拉近，才可能传递自己的价值观。

比如我上课的时候，都会花一分钟做一个自我介绍：我是个老师，也是个作家。一个滞销书作家，在接下来的日子里，我要陪大家一起度过考试的艰难时期。

只有说明白你是谁，说清楚你和他们是一路人，才可能使他们明白，你是一个值得信任的人。关于"我是谁"这个问题，最好的答案就是讲自己的亲身经历。

从今天起，就在家写几个自己的故事，用来拉近彼此的故事。

不过有一点请注意，这时候最忌讳编出一个故事，硬安到自己身上。一般情况，不是自己的故事，就算讲出来也会有痕迹。谁都不是傻子，如果人们发现你在胡编乱造，会适得其反。

二、说出自己的目的

人天生是有警惕心的。《纽约时报》在 1999 年做过一个民意调查，结果有 63% 的人认为，和别人相处时要小心再小心，还有近四成的人认为，别人一有机会就想利用自己。尤其是面对陌生人和位高权重的人。

所以，刚见到人家时，有时候你直接说出自己的目的，反而能拉近彼此的距离。

"我来这儿就是看有没有更好的机会找人合作。"

"我来这儿就是希望能赚到钱。"

"我今天见到您就是想跟您聊聊怎么共赢。"

当然，如果你不想直接，也可以隐晦一些。

在《故事思维》里，安妮特讲了一个故事：她认识一位商人，一直在艾滋病患者关怀中心做志愿工作，他在请商界人士捐款的时候，总会讲起自己的一段旅程，这个故事帮助他筹到很多钱。那是他去以色列的时候，那里有一个淡水湖叫加利利海，它和死海拥有同一片水源。当地人告诉他，死海没有出水口，所以水的流通受阻，导致湖水盐分不断升高，最终失去了生机。而加利利海有出水口，水不断流入、流出，就保持了旺盛的生命力。

这个故事讲完，现场的商人都听懂了。虽然目的没有直接说出来，但却通过这个经历告诉捐款者，帮助他人是不可或缺的，因为只有在获得财富的同时又懂得施舍，才能像加利利海的水那样活起来。

把目的放在故事里，更容易让人接受。

三、讲一个有愿景和智慧的故事

有愿景的故事很好讲，你只需要在故事结尾指向未来就好。

"我希望……"

"我相信未来会更好……"

这些句子本质都是愿景和期待着未来的故事。关于智慧的故事，我的建议是大家一定要买一本《伊索寓言》，把这本书看一遍，再讲一遍，讲到滚瓜烂熟。很多传播智慧的故事，都被公元前六世纪这个叫伊索的人讲过了。

我曾经讲过这么一个故事：有个同学，每天坚持听英语，随着自己的不断努力，他居然习惯听不懂了。这是因为他的方法有问题。正确的方法应该是……

这个故事讲完，同学们对正确方法记得就更清楚了。

四、讲一个有价值观的故事

我再强调一遍，故事是价值观的载体。如果你想讲一个深刻的道理，就配上故事。美国有一位博士叫克里斯托弗·盖尔，曾经在美国的改革行政管理协会当主席，他讲了这么一个故事：有一次，一个 45 岁的男人到他们那儿去面试，这个男人是公务员，面试过程中不停地说自己长久以来如何加班加点地工作，如何取得了各种成绩。可突然间，这个男人心脏病发作，倒在地上，等到救护车赶到的时候，人已经不行了。盖尔博士和员工们全都惊呆了，因为这个男人本来打算从一个高压的岗位跳槽到另一个更高压的岗位上，也就是从一个成功的位置跳到一个更成功的位置，没想到却死在了现场。盖尔博士认为，政府也好，公司也好，很多组织所秉持的"一切以效率为先"的原则究竟对不对？这样是对生命的漠视。

后来，盖尔博士致力于改变传统的工作观念，每次宣扬自己的价值观时，他总是给听众讲这个猝死的故事，希望借此告诉人们，他们原有的工作原则可能是错误的，不断地要求员工加班加点，是在变相杀死他们。

在美国，这样的演讲家很多，他们都是从故事出发，然后讲到自己的道理。你想要告诉大家着火时捂住口鼻很重要，你就可以从一个曾经被烧死的孩子的故事讲起；你想要告诉大家系安全带很重要，你就可以从一起交通事故的故事说起。

五、适当地停顿和抓住细节

其实在听故事的时候,听众大约只能听到15%的词汇,许多内容他们是不会记住的。他们评价一个故事是好还是不好,主要是依靠讲述者的表情、姿势、着装等等。

所以,你的故事不仅要有好的内容,还要用真实表情传达情感。

比如在讲到紧张的事情,可以闭上眼睛,用好我们的身体语言。比如讲到惊讶的事情,可以忽然"啊"一下,用好我们的语气和"特效"。在强调什么时,可以忽然停下。讲故事不一定要一直说话,适当地停顿,有时会让故事意味深长。

曾经有一个在底特律贫民窟长大的人,给安妮特讲过自己的经历:他的弟弟妹妹加起来共有十个,在他35岁的时候,其中一个自杀了,另外还有两个死于暴力事件。在他的整个童年和青年时代,家里都处于入不敷出的状态。说这些事的时候,他一直把双手插在裤兜里,眼睛看着地面,语气很缓慢,直到他说自己是家里唯一高中毕业的男人时,他才仰起头,露出坚毅的表情,语速也快了起来。

就算这个故事内容一般,但光是语气就能感动到每个人,这就是细节表现得到位。很多故事之所以好,就是因为细节好,有时候一个细节,可以支撑得住一部电影。细节决定成败。

就比如,刚才提到的贫民窟故事里,其实我们可以思考,他为什么不说自己生长在一个大家庭,而非要强调"十"呢?因为"十"

这个数字是细节，把一个抽象的大家庭概念具体化了。数字能很好地吸引人的眼球，数字就是细节。我们之前说过，孩子如果多听到数字，会提高他对数字的敏感度。大人也是一样，数字包含的信息很多。

还有一个更令人喜欢的细节，就是他讲的每一句话，都在说自己。

所以，这就是讲故事的最重要的事情，记住：说自己。

怎样写好一个故事

写故事的用途很广，比如写小说、写剧本、写广告、写杂文，或者写在微信公众号里的随笔。我的建议是这个时代每个愿意成长的人，都可以自己注册一个微信公众号写点内容，学会表达自己。这篇内容，我就和大家探讨一下如何写好故事。

一、故事应该怎样开头

好的开头是成功的一半，我特别建议想要从事创作的朋友，听完这个板块，赶紧动笔试试。

有一种开头的方式，叫提出一个问题。

有一本书叫《翻转课堂的可汗学院》，书里讲了课堂上最能吸引学生的方式，就是开头提出一个问题。因为学生会把这个问题贯穿始终。

提出一个问题，会把大家的兴趣吊起来。我自己在上课的时候，经常先提出个问题给大家，让大家进入沉思，接下来开始上课，学生能更快进入状态。写作也是一样，可以在一开始提出个问题。

这就是插叙、倒叙的意义，把结果和冲突先提到前面来。

《别相信任何人》里讲述了一个名叫克丽丝的妻子，她有一点与众不同，20年来，她的记忆只能保持一天。所以每天早上醒来，她都会完全忘了昨天的事——包括她的身份、她的过往，甚至她爱的人。你想想她多惨，过去的什么事儿她都不记得，但是她怕自己忘，每天都写日记。好在她并不孤单，克丽丝有一个丈夫叫本，每天早上起来都给她做饭、收拾、打理，本是她在这个世界里唯一的支柱，关于她生命中的一切，还好有本能够告知她。她还有个医生，不常见，有一天早上，她给自己的医生打电话……

故事的开头是这么写的：

在纳什医生的帮助下，克丽丝找到了自己的日记，发现第一页赫然写着："不要相信本。"

天啊，为什么啊？到底怎么了？你是不是特别想读下去？因为开头，作者就埋下了一系列问题，本到底是谁？这个本会不会对故事主人公做什么？主人公为什么会变成现在这个模样？这些疑问都是阅读的动力。

但很可惜，这个故事写得并不好，如果你想看的话，只看看开头和结尾就行了。

但是好的开头，设置疑问，就能把人的目光吸引过来。

这里有个公式：**设置悬念—提出疑问—找到答案。**

写作的提问不一定要故意用疑问句来表述，甚至可以用陈述句来。

比如有首诗，相信大家听过：

这个婆娘不是人，

九天仙女下凡尘。

儿孙个个都是贼，

偷得蟠桃庆寿辰。

这个婆娘不是人，疑问来了：那她是什么？转折，九天仙女下凡尘。儿孙个个都是贼，为什么？偷得蟠桃庆寿辰。

你看，这首诗不仅有提问，还有转折，转折同样是写故事的重点，也就是故事里的意外。

好的小说家一定会不停地设置疑问，让你在故事中欲罢不能。一个问题接着一个问题、一个答案接着一个答案地出现。

《福尔摩斯探案全集》这个故事在刚开始的时候，福尔摩斯遇到了自己的搭档华生，两个人互不相识，但福尔摩斯很快就跟华生说：你是从阿富汗回来的。

读到这里，所有读者的反应一定是统一的，我的妈呀，为什么？

请记住：好的小说家一定不会直接给出答案，因为这是小说家的筹码,他会把问题先提出来,再慢慢给你答案,你知道答案的代价是必须继续往后看。

所以果然过了很长时间,时间长到很多读者都忘了还有这么一个问题,福尔摩斯在一次执行任务的时候顺便说了一句:

"……咱们初次会面时,我就对你说过,你是从阿富汗回来的,你还觉得很惊讶,知道为什么吗?"

"一定有人告诉过你。"

"没有那回事。我当时一看就知道你是从阿富汗回来的。由于长久以来的习惯,一系列的思绪飞也似的掠过我的脑际,因此在我得出结论时,竟未觉察得出结论所经的步骤。但是,这中间是有着一定步骤的。在你这件事上,我的推理过程是这样的:这位先生,具有医务工作者的风度,但却是一副军人气质。那么,显然他是个军医。他是刚从很炎热的地方回来,因为他脸色黝黑,但是,从他手腕的皮肤黑白分明来看,这并不是他原来的肤色。他面容憔悴,这就清楚地说明他是久病初愈而又历尽了艰苦。他左臂受过伤,现在动起来还有些僵硬不便。试问,一个英国的军医在很炎热的地方历尽艰苦,并且臂部负过伤,这能在什么地方呢?自然只有在阿富汗了。这一连串的思想,历时不到一秒钟,因此我便脱口说出你是从阿富汗回来的……"

这样的创作方法,在中国的电影里已经太多了。

我在写《人设》这本书的时候,故事写完后我发给一个制片人朋友看，一个月后他都没看完。我问他为什么还没看完。人家说，我太忙了，其实我大概知道原因，他可能觉得枯燥嘛。后来我在开头加了这一幕：白雯拍着墓碑说，让我的过去陪你吧。读者虽然没有用嘴巴问，但脑子里马上产生了一个问题：谁死了？为什么啊？我把最后改完的稿子给了其他朋友，其他朋友果然很快看完了，并且还给我写了反馈。

二、如何在开头表达尽量多的信息

有人说，如果我不想要疑问，还有没有其他的方法？有。让开头的信息量越大越好。如果让人们来挑选这个世界上信息量最大的小说开头，许多人一定挑选《百年孤独》，我知道很多同学看《百年孤独》压根儿看不进去，是因为作者马尔克斯是著名的魔幻现实主义小说家。什么叫魔幻现实主义？魔幻现实主义简单来说，就是用魔幻的方式描述现实。

魔幻现实主义诞生在美洲，这些作品运用典型的魔幻现实主义表现手法，揭露社会弊端，抨击黑暗现实。正因如此，这样的作品在东方很少，但也不是完全没有，莫言老师获奖后的颁奖词就说他就是东方魔幻现实主义代表，喜欢的同学可以找来看看。

今天我们主要赏析他的开头：许多年以后，当奥雷连诺上校面对行刑枪队时，他便会想起他父亲带他去找冰块的那个遥远的下午。

这有什么好的呢？我们看看，"许多年后"，读者随即被带往故事的未来，如果你看过小说，就知道，奥雷连诺上校确实正面对着行刑队，正要被枪决，怎么刚出来就死了？死了也就算了，快死了这个关键时刻，他怎么还想起父亲带他找冰块的那个遥远的下午了？注意，"想起"一出现，读者便匆忙地往回跑，跑过故事的现在，飞到了故事的过去，时间线穿梭回去。那时奥雷连诺上校还是个宝宝，正在和父亲，还有哥哥一起去吉卜赛人的帐篷里看冰块。

这一句话，把奥雷连诺上校前后数十年的两件大事写出来了，有了现在、未来和过去，所以这个句式是非常伟大的："XX年后，XX如何时，他会想起X年前，XX的一段往事。"

我不懂西班牙语，但我想地道语言传递的信息肯定比这个更美好。

如果大家读过《百年孤独》，你可能更会理解冰块的意义。开头就一句话，信息量如此之大，所以好多小说，大家一定要去读第二遍。

再比如加缪的《局外人》更是这么一部作品。加缪是一个文学天才，他不仅是个文学天才，也是个哲学天才。《局外人》这本书也非常有趣，很薄，很快就能看完，讲的是一个和社会主流完全不一样的人，一个局外人，这个人叫莫索尔。所谓局外人就是对这个世界一切的主流价值都不在乎的人，这种荒诞感在加缪那个时代影响了很多人，也在加缪的小说《西西弗神话》里表达得淋漓尽致。

加缪因为在哲学思想上受叔本华的影响，叔本华的价值观就是我对一切都不感兴趣，人生像钟摆一样，梦想实现了无聊，梦想没实现难受。所以加缪的文字和故事里总是有一些悲观，那怎么在开头去用故事表达这样的价值观呢？我们看看他这本小说的开头：

今天，妈妈死了。也许是昨天，我不知道。

第一，时间的多样化。

第二，直接点题。妈妈死了都不知道是啥时候，这个人还不是局外人吗？

三、怎样结尾

说完开头，我们也说说结尾。之前我们说了，故事如果有个好的开头和结尾，中间很多问题都能迎刃而解。

我个人觉得，如果故事在创作前就能想到结尾会更好。就好比你已经知道了终点，剩下的你怎么做都会得心应手。

结尾有两种，有一种叫固定结局，是最常见的结尾方式。

这种结尾的好处是故事讲完，不拖泥带水，让读者有完整感，故事结束，结尾完全。

我个人比较喜欢另一种结尾，叫开放式结尾，什么是开放式结尾？

就是读者有多种理解的方式，都对。

比如《盗梦空间》，典型的开放式，因为最后你也不知道，这个陀螺是不是停下来了，所以你怎么理解都对。

我们来赏析美国一位传奇作家斯托克顿的短篇小说——《美女还是老虎》，斯托克顿被《纽约时报》称为"博客精神教父"，在2005年以开枪自杀的方式结束了自己67年的人生。作家为什么总是容易自杀？因为作家总在失衡和平衡中间寻找答案。人性毕竟是矛盾的。我们从这个故事里，就能看出来。

这又是一个没有时间、没有地点的故事，有一位强权的国王，把一个竞技场变成了审判场所。怎么审判呢？他不用法官，也不用民众，更不用陪审团。只要有人被指控，国王就会坐在他的宝座上，发出一个指令，被指控的人会被带出来。在国王正对面，有两扇门，这两扇门紧挨着，完全一样。站在审判台上的那位被指控有罪的人，必须打开其中一扇门。如果打开的这扇门中出来的是一只老虎，他将被老虎撕碎，这就是对他所犯罪行的惩罚。但是，如果这位被指控人打开了另一扇门，那么从里面出来的会是一位女士（据说还是个美女），这就意味着他是清白的，他会立即娶这位女士为妻。好的，审判的规则在开头设置完毕。你会不会问为什么，你绝对不会，因为故事刚刚开始。

国王有一个非常漂亮的女儿，国王非常爱她。这位公主偷偷地爱上了一个平民，但在当时不同阶级的人是无法相爱的，可公主就是无可救药地爱上了平民。有一天，国王发现了他女儿与这个年轻人的关系，非常生气，就把年轻人放进竞技场去审判了。这位年轻人正对面有两扇门。选择吧，是老虎还是女人。

这时，这个选择就非常残忍了，因为无论年轻人选择哪一边都是错的，两难的选择带来的故事一定是揪心的。

结果，这位年轻人走进公共竞技场，他面向国王鞠躬，突然间，这位年轻人的眼睛直盯着公主。为什么盯着公主？因为他在用眼睛询问："是哪扇门？哪一扇？请告诉我。"

公主缓慢地抬起她的手，微微而又迅速地指向右方。这时，所有人都窒息了，因为不知道结果是什么，场上每一双眼睛都紧紧地盯着这位年轻人。结果，他转身迈着坚定而迅速的步伐穿过空旷的广场，人们都屏住呼吸，盯着年轻人。他向右侧的门走过去，并打开了它。

现在，我们这个故事的高潮到了：从这扇门中出来的是老虎，还是美女？

不好意思，故事到此，结束了。

怎么样，是不是心再次提到了嗓子眼儿？

我们自己写故事的时候，也可以用这样的结尾，可以在故事后面留下个疑问，给读者思考的空间。

其实写作有很多技巧性的话题，比如怎样写对话，怎样写人物性格，人物脸谱……写作是一项苦力活，如果你决定靠写作为生，请一定做好大量训练和阅读的准备。

在写作的领域里,所有通往捷径的道路,本质上都是在通向死亡。

沟通锦囊:

说一个好故事的 5 条要点:

1. 自我介绍;
2. 说出自己的目的;
3. 讲一个有愿景和智慧的故事;
4. 讲一个有价值观的故事;
5. 适当地停顿和抓住细节。

实战笔记

PART 6

当你面对冲突时,应该怎么办

> 对待冲突总结起来就是九个字:
> 不挑事,不怕事,能了事。

如何解决正面冲突

我们都遇到过冲突。仔细观察身边的人,解决冲突的方式无非就是三种:

第一种,回避。遇到冲突撒腿就跑。

第二种,迁就。像电影《Hello,树先生》里一样,哪怕给人下跪,也不希望把矛盾闹大。

第三种,死磕。你骂我一句,我给你一巴掌。

但其实,这些都无效。因为这三招都没有在本质上解决冲突,有些方式还让冲突升级了。

我读过一个很有趣的故事,一个警察接到邻居报警,走进了一个鸡飞狗跳的家里,夫妻正因为一件小事吵架,吵得非常凶。警察进来后却没有马上劝架,而是把警帽一摘,往沙发上一坐,一句话都不说,就这样看着吵架的夫妻俩。看着他们你一言我一语,很快,两个人停止争吵了。

为什么呢?因为面对一个外人,尤其是一名警察,夫妻俩就算情绪再激动，也不可能完全无视，继续自己吵自己的。更何况，一个警察来到家里，本来就有点权威感。等他们的情绪稳定下来后，警察就开始说话了。不过不是劝他们一日夫妻百日恩，而是开始点评自己看到的生活环境。比如这个家的装修非常漂亮、车子擦得很干净、灶台上的汤炖得很香。这些优点一说出，夫妻就像是被唤醒一样：天啊，我们俩一起创造了好多美好的东西，可我们现在在干什么呢？

最后，警察让这对夫妻回忆当初为什么在一起，共同克服了什么，等夫妻俩回答完问题之后，警察就离开了。这位警察像是看过《幸福的婚姻》这本书一样。他知道化解冲突的第一招就是先让彼此放开情绪。所以谈判大师每次遇到挟持人质的歹徒，第一件事就是让他别激动，所有带着情绪的冲突都是最难解决的。

达纳·卡斯帕森，冲突调节专家，尚普兰大学人际冲突专业硕士，他在《解决冲突的关键技巧》中说：最好的解决冲突的方式是协同，通过坦诚沟通，了解双方的差异所在，最终找到一个共赢的方案。

一、找到线头在哪儿

当我们遇到冲突，首先记住别怕。这就像一团绕在一起的线团，应该先找到头在哪儿。所以，当一场冲突在所难免时，要先把注意力从冲突中转移，先去找到那个双方产生矛盾的节点。什么是矛盾节点呢？这就需要你用心倾听了，有时候用心倾听对方的话还不够，还要有效倾听。

所谓有效倾听最重要的是听出来对方的话外音，在对方表达情绪，死守自己观点的时候，就是你收集信息的最佳时机。

比如你听到女朋友说，"你根本不爱我。"

你听到了什么？你听到的可能是一个事实，于是你开始寻找你爱她的证明。这样做就错了，冲突可能会加剧。首先一定要听她的语调。如果她是撒娇的语调，冲过去抱住她就好。因为她背后那句话是："你抱抱我吧。"如果她是抱怨地说，你应该说："我今天什么也不干，就陪你。"因为她背后那句话是："你工作太忙了，都没时间陪我。"

所以，解决冲突之前一定要知道对方到底想说什么。

比如父母给你打电话，说这几天家里降温了，让你多注意身体，结果说了半小时。这个时候，你千万别冷冷地问："你到底想说什么？"因为父母的意思很明了，说明父母想你了。正确的回答应该是："爸妈，我想你们了。"

比如孩子调皮，说了很多乱七八糟的话，可能他只是希望你重视他。

再比如，孩子告诉你："我跟班上成绩最差的同学关系很好。"这背后可能是因为他遇到校园暴力了。

每个人讲的每句话，其实背后都有自己的需求。聪明的人，要去寻找需求。

《解决冲突的关键技巧》一书中给我们辨析了3个概念：想要听懂别人说的话，**需要区分行动、利益和需求的差别。**

我们每句话都有一些基本的需求，这些需求演变出不同的利益，然后我们会选择不同的行动计划去满足这些需求和利益。

冲突的一般只是行动，很多时候，我们的利益和需求都是一样的。

比如，家里有人去世，家属想要烧纸，医院不准烧。这看起来就是冲突，但仔细分析，其实双方只是在行动上有冲突，要是双方都在考虑行动这个层面，那结果肯定是剑拔弩张，但是他们在利益层面其实是没有冲突的。家属的目的是悼念亲人，医院的目的是保证安全，悼念亲人和安全是矛盾的吗？当双方利益明确后这件事就变得可以协商了，逝者家属能不能在保证安全的前提下悼念亲人呢？比如烧纸可以，但是要在没人的地方烧，在不容易着火的地方烧，这样双方的目的都能得到满足。

再比如，当一个人说我需要一把枪，因为这个地区太不安全了。他的行动是去买一把枪，背后的目的是保证自己的人身安全，他需要的只是安全感。

又比如，一个人说要跟你分手。他的行动是分手，背后的原因可能是另有新欢，他真正的需求是幸福感。

在公司里这点更常见，每次和别人吵架，我都在想，我们的需求和利益是不是矛盾的。如果不是，我们想办法解决就好。如果两个人的需求是矛盾的，这才是最难化解的冲突，这也就是为什么有些谈判能谈好几天的原因，因为双方都在坚持自己的需求和利益，降低别人的需求和利益。

二、帮对方找到自己的需求

其实需求和利益很多人经常弄混，有时候，连发生冲突的当事人自己也不太清楚自己的需求是什么，这时候当不太确定对方的真实需求的时候，一定要大方地去问、去猜，这样才能引导对方思考自己真正需要的东西。

如果不主动猜，冲突还会继续。

比如有一次，一位同事跟我发飙，因为他抱怨我迟到了。但我之前就说过，我有件事要做，今天不一定来，这次能来就已经不错了，可他还是发飙了。我问他："那你希望我准时到？"（问他的需求）。他说："迟到是不好的。""我昨天说了我可能不来啊，但今天来了。到了也不好？"他说："那大家都没迟到啊！"我说："所以昨天每个人都告诉你今天可能不来了？"他笑了笑，说："也是。"我想他找到了自己的需求，他的需求就是希望大家作为一个团队可以统一，希望自己组织的会议能被尊重。而我的到来就是尊重，所以，冲突化解了。

比如一个女生不让男生抽烟，男生偏要抽烟。女生的需求是希望男生健康，男生的需求是希望爽。但他们并不知道彼此的需求，吵得乱七八糟，这个时候最好的方式是去问。

不仅要问对方的需求，还要确认自己接收到了对方的观点。

我在某本书里看到一个例子，一个人说："我不希望这些小孩到我的地盘上来。"你可能这么问他："你不喜欢孩子？他们没有破坏任何东西，这只是块草地。"这是没有确认过的问题，有确认的回应是这样子的："好吧，你不喜欢孩子来这里（确认）。是他们经过时做了什么，还是你只是单纯地不想让他们在你的地盘上？"

请注意，第二个说法就代表着你已经知道了他的立场是讨厌孩子，对方会觉得你是听懂了他的话，不是和他站在对立面，虽然了解了他的立场不代表赞同，但至少可以让谈话进行下去，不至于上来就是冲突。

你可以想象，如果一个人讲点什么都有人立刻不同意他的观点，久而久之，他肯定不说话了。

三、接纳对方的情绪

我在 20 岁出头的时候，就明白了一个道理，当女孩子跟自己发脾气时，先把她的情绪接过来。后来我发现这种方式效果特别好。等她发完脾气，再跟她聊需求、利益和行动。用这一招哄女朋友，十分有效。

所以，当遇到冲突时，你可以原地不动、注视、微笑，去倾听或者引导对方，请注意：在听的过程中，不要给出自己的意见，不要表达态度，因为一给意见，倾听就到此为止了，接下来就是彼此情绪的爆发。

女生和男生吵架也一定要先问自己一个问题：

我是在跟我的情绪吵架，是在跟事实吵架，还是在跟人吵架？这个问题一问，你至少有两秒的时间可以打断自己的情绪。

男生也要问，我这么吵架是为了维持住我的面子，还是为了我的目标？你问了，也不容易发脾气了。

还有一招，就是想象一个人在上面看着你，那个时候他看见你这么没风度地发脾气会怎么想？有一次我开车在街上走，下班高峰期，前面是个红绿灯，我一看黄灯了，就不着急了，停在了红灯前，可我后面有辆车一直在按喇叭，好像很着急。

后来这辆一直给我按喇叭的车跟我并排了，司机就把车窗户摇下来，大喊："你会不会开车啊？！"

他又接连说了好几句脏话，我刚准备回骂时，我的情绪报警机制启动了，我告诉自己不理会就好。

于是，我一直啥也没说，就听着他骂。他骂了快一分钟，骂到红灯变成绿灯了，我说了句自己都没想到的话：祝您开心呀！说完，我开车就走了。

为什么我能控制住自己呢？因为我想象着有人在看着我，我如果骂人就太没风度了，就这么一瞬间，我制止了自己。

四、增强好奇心

化解冲突的另一个方法是去增加了解相反观点的好奇心。

《解决冲突的关键技巧》这本书里说：想要持续沟通，首先得有好奇心。沟通怎么跟好奇心有关呢？因为当对方反对自己观点的时候，一定也有他的道理，那他的道理是什么呢？

其实人越长大，学的东西不一定会越来越多，反而是巩固自己的偏见越来越多。

所以，去接受不同的价值观，就算接受不了，至少也要允许对方说完。

作者在书中给出了一个练习方法。先回想一次让自己真正发火的冲突，然后问自己 5 个问题，为什么这个人觉得自己有道理？为什么会做这些事情？他需要什么？我是不是对他也有责任？应该怎么做才能够让我俩有效对话？当你觉得对方不可理喻、不想对话的时候，在头脑中过一遍这几个问题，就可以慢慢找到思路了。

五、打断原则

我曾在一个饭局上遇到过这样一件事：一位影视圈的老炮忽然

对我发飙，而讲的事情完全就是对我的误解，但我没解释，原因有二：第一，有好多人在，而且大家都喝多了；第二，今天是他请客。我做了什么呢？很简单，我站起来走了，走之前，我跟大家说："都喝多了，我先撤了。你们喝好。"当天晚上，这位老炮给我道歉，说："尚龙，不好意思，喝多了。"

当冲突爆发时，如果发现自己没法控制局面或者打断对方的时候，给对方一个台阶，不予计较也是一个办法。

罗杰·古尔德，美国著名社会学家，他在《意愿的冲撞》里说：冲突是人们界定彼此支配关系的一种手段。在建立支配的标准清晰而且无可争议的情况下，冲突不容易发生。当纠纷双方不清楚各自的地位高低和权力边界时，才容易发生暴力冲突。

在他的饭桌上，他的地位肯定是最高的，但离开他的饭桌，他的地位也就不那么高了。现实生活里，大家是平等的。

另外，树立自己的边界，还要多次强调它。比如我就喜欢强调我不爱接电话，我不爱参加无效社交，我不喜欢早上跟人谈事，当你充分向别人表达自己的边界，冲突就不容易找到你，因为大家已经提前了解了，也会尊重你。只要树立自己的边界，就不要怕冲突。

因为你正在筛选自己的朋友，至少你在筛选让自己舒服的人。

对待冲突还有一个原则，总结起来就是九个字：

不挑事，不怕事，能了事。

愿我们都能做到。

学会道歉是一种能力

为人处世,尽量不要把人逼到道歉的地步。道歉就意味着面子已经被撕破,现在正在努力地复原。撕破脸,百害而无一利。但如果已经撕破了脸,也不是没有办法,学会道歉,或许能触底反弹。

一、道歉的方法

美国学者亚当·加林斯基(Adam Galinsky)和马利斯·施韦泽(Maurice Schweitzer)分别在哥伦比亚大学与沃顿商学院执教,他们在合作的新书《怪诞关系学》中,有一章专门介绍道歉的方法。他们总结了五条,我加上自己的理解和看法,希望能给你带来启发。

1. 时机。

时机很重要,许多明星在公开场合道歉的时候说得都不错,但就是输在不够迅速,没有第一时间站出来。在舆论场上,越快越能掌握时机。还有，道歉可能不止一次，因为事情有可能进行第二次发酵，这个时候，必然要第二次道歉。

而对于普通人，道歉其实可以不用那么快。有人喜欢犯错了就道歉，觉得这样比较好，但这样容易让自己陷入对方的情绪中。当你陷入对方的情绪中时，麻烦也就加倍了。

2. 态度要坦诚。

我们为什么很不喜欢一些公司的道歉声明，因为很多公关团队只会含糊其词玩弄文字游戏，很不真诚。相反，某些公司的道歉又为什么让人看后愿意原谅，因为大家感受到了真诚。

3. 示弱。

错了就要挨打，弱一点总没错。别犯了错还在坚挺着，对方下手或许更狠。

4. 关注受害人。

很多公众人物容易忘记这种方式，伤害了别人应该对别人道歉，而不是对公众道歉。公众会觉得你是因为舆论压力大才道的歉，对公众道歉应该只有一句话：对不起，占用社会资源了。

5. 承诺进行改变。

承诺进行改变就是将致歉者一分为二的关键："过去的我"犯下错误，"现在的我"已经全然不同。告诉对方，我已经改了，请给我一次机会。

6. 送礼物。

在很多时候，送礼是修复人际关系的必要部分。礼物的货币价值也许不高，却象征着悔悟。哪怕送个果篮，也是一种向对方请求原谅的态度。

7. 先对比，再说明。

比如，我知道你可能觉得我做得不好（对比），但恰恰相反，我每天都很努力（说明）。

我知道相比于之前的关系，这句话我说得不太好（对比），但我真的不是这个意思（说明）。

二、别人不原谅该怎么办

既然道歉了，就会面临这个问题。如果别人不原谅你怎么办？如果矛盾人人，不原谅也很正常。

在动画片《马男波杰克》当中，波杰克年轻时背叛了自己的编剧朋友，20年之后，波杰克得知对方得了癌症，登门向老朋友道歉，但是老朋友没有原谅他。

"你是看我快死了，要道歉，让我原谅你，你好良心上过得去。我才不会便宜你呢，我要是原谅了你，你就舒服了。我就不原谅你，我要你内心不舒服很多年。"

如果对方不原谅，请一定记得，谁说道歉只道一次的，谁说道歉只是口头的？

正式道歉里，"对不起"是免费的，没人会因为一句"对不起"而原谅你。一定是背后的原因让自己扛不住。所以很多人宁可不道歉，也不能开这个头。比如某导演被法院起诉抄袭，要求道歉，他为什么不道歉呢？因为道歉造成的连锁影响可能更大，有些可能是经济上的。

请记住，对不起不是结束，只是道歉的开始。

我的建议是，可以向对方提出赔偿的要求。

"我赔您两万块可以吗？"

"后面的医药费我都出了可以吗？"

"下个项目的比例都给您可以吗？"

如果你们过去是同事、朋友，还要继续合作或者交往，还要加上一句："希望您能不计较我的错误，继续和我合作下去。"

三、不要过度地道歉

如果因为一件小事，不停道歉，对方还不原谅怎么办？答案是停止道歉。

加拿大社会学家玛哈·约万诺维奇（Maja Jovanovic）提出，在日常生活中，人们常常为不是自己的过错道歉。**这种过度道歉不仅对我们毫无帮助，而且会损害我们的自信**。道歉早晚都可以，但自信毁掉，要很久才能找回来。

比起说"对不起"，我们可以使用另外一个神奇的词——"谢谢"。约万诺维奇以自己的亲身经历为例。有次午餐会，一位学者迟到了，他一边等一边想，对方会怎样道歉。结果当对方来到时只微笑着说了一句话："谢谢你们的等待。"所有人都说"没关系"，接下来的午餐仍然很愉快。

在工作中，不停地道歉是最没用的一种方式。与其因为做错了道歉，还不如抓紧拿出解决方案。

当客户、合作伙伴、领导有了困扰，来抱怨、发脾气时，一定要把道歉控制在交谈的最初几秒之内。同时，立刻提出解决方案。

在措辞上，也要注意少用"道歉"和"对不起"这样的词，而应该说："不好意思，确实没注意到，那您有什么需求？"

"抱歉，那我们讨论一下接下来应该做什么。"

"您说得对，谢谢您的理解。那接下来我能为您做什么？"

客户并不在意怎么道歉，而在意你如何拿出高质量的解决方案。这才是好的道歉。

四、减少错误

最好的道歉方法只有一个：就是减少错误。仅此而已。

怎样处理关键对话

2008年的那个暑假，我父亲拿着我的高考成绩单跟我进行了一次关键对话，那个时候，我想上武汉的一所普通大学，而父亲希望我读军校。于是在那个下午，我们两个用尽浑身力气说服对方，但结果却是谁也说服不了谁。第二天下午，我们继续重新对话，父亲说服了我，我在高考志愿上填上了军校。现在回想起来，那真的是一场关键的对话，因为那次对话决定了我的未来。

在我们的生活里，总有一些对话是十分关键的，我们称为关键对话。

总的来说，关键对话有三个特征：第一，是对话双方的观点不同，比如父亲希望我读军校，我就想读个普通的大学；第二，对话存在高风险，比如指出老板的错误行为，比如提醒老婆该减肥了；第三，对话双方的情绪激动，比如在商务谈判中双方都不妥协，陷入僵局，比如跟同事因为方案吵了起来。

观点不同、高风险和情绪激动，被称为关键对话的三要素。

想想看，我们有多少次遇到过这样的关键对话，又有多少次，把关键对话处理砸了？

为什么很多人处理不好关键对话呢？也别太自责，这源头都在我们的基因上，任何物种的第一目标都是求存，在远古时代，我们面对危险的时候，只有两个选择，要么逃跑，要么消灭对方。

直到今天，我们虽然已经不太会经常遇到危险，但当对方的话语中勾起了我们对危险的警觉，我们也会要么逃跑，要么消灭对方。具备这三个特点的语言，往往就代表着危险的信号，当这些话语靠近我们时，我们的身体就会分泌肾上腺素，大脑会把血液输到四肢和肌肉，做好战斗或者逃跑的准备。也就是说，这个时候我们的大脑是供血不足的，会严重影响到我们的理性思考，毕竟脑子里没血，四肢却很有力。这种状态也就解释了为什么我们平时说话挺可爱的，可一旦碰到了关键对话，就会变得手足无措。

当你发现对话从正常的讨论变成激烈的争执时，你就得留意了，这很有可能就是一场关键对话。还有一些行为方式的变化，比如提高嗓门，大声喧哗，脏话连出，指手画脚，或者从热烈讨论变得异常安静，这些都可能是关键对话的信号。那我们应该怎么处理呢？

《关键对话》里提供了一套很有价值的分析。

有四个方法，分别是：明确对话的目的、营造安全的对话氛围、从事实入手以及了解对方的真实动机。

一、明确对话目的

我们不止一次说过对话目的的重要性，在正式沟通前，应该明确自己的沟通目的是什么。在听别人说话时，也要思考对方的目的是什么。

比如，在一次讨论成本缩减计划的会议上，一位经理对 CEO 说：你又是让我们双面打印，又是放弃升级设备，你自己却在花大价钱装修办公楼，听说光买家具就花了 15 万美元，是这样吗？

他当着很多人的面说了这段话，气势汹汹，请注意：这就到了关键对话的时刻，经理对 CEO 提出了质疑。一般我们遇到这样的攻击，第一反应就是攻击回去或者逃避，但其实这些都不对。正确的应对应该是这样，CEO 首先克制住自己的情绪，说：这个问题提得好，我们必须讨论一下，你能提出这么尖锐的问题，说明你很信任我，谢谢。

这句话一出，先化解对方的情绪，然后再开始说自己的话。

请记住，任何讨论之前都要问自己：这次对话的真正目的是什么？从刚才的对话看，是推行缩减成本计划，如果这时候 CEO 和经理吵起来，就什么都讨论不下去了。

所以说，在对话的每个阶段，都要提醒自己，明确对话目的，一旦发现自己有逃避或者是暴力倾向，就证明已经开始偏离对话目的了，要赶紧回到正轨上来。我们很多领导在讲话的时候，从来不管目的是什么，让感情把自己带着走，走到哪儿算哪儿。谁提出了不同意见，第一反应就是发飙，但其实领导要做的不过是明确目的，把情绪放在一边。

这让我想到原来我们上军校时的一个教导员，他每天晚上点名后的讲话都是这样：第一，第二，第三，第四……目的十分明确。

二、营造安全的对话氛围

我们在对话中，首先考虑的应该是对话的氛围，其次才是对话的内容。因为只有在安全的对话氛围中，人们才可以畅所欲言，达成共识。所谓安全的对话氛围，就是让对方感受到这次对话你们是有共同目标的，是要解决问题的，而不是你输我赢的辩论。

关键对话更需要一个安全环境。你先确保对方的沟通环境安全，对方才能尽可能给你提供更多的信息。我经常会在关键对话前开一个玩笑："咱们先商量好啊，无论我今天说什么都不能打我啊。"大家一笑，我就开始说话了。

三、从事实入手

有一本书叫《用事实说话》，读完后整体的感觉是，我们越来越多的人已经忘记要用事实跟人交流了，相反，我们总是在表达情绪。

而在我们情绪化的时候，不管别人说什么，都会被我们过度解读，觉得对方在针对我们，挖苦我们。久而久之，我们的对话会离真相越来越远。

有很多不健康心理的形成原因都是因为我们和事实相去甚远。比如说受害者心理，总是把自己想成无辜的受害者，认为一切问题都是对方造成的，什么都是别人害的；比如反派假想，预设对方是十恶不赦的大坏蛋，对方一切行为都有一个邪恶的目的，对方做什么都是错的。

一般情况下，我们会基于一个事实做出主观判断，这个判断就会让我们产生情绪。值得注意的是，情绪来源于我们的主观判断，而不是事实本身。所以，当我们进行关键对话时，最重要的是听对方情绪中夹杂的事实。

而我们想跟对方沟通，开头第一句就不应该是指责对方，因为这样说解决不了任何问题。可以先从事实入手,然后再说自己的判断。比如你想学英语专业，你爸爸想让你报其他的专业。你不应该指责：你真是个控制狂。而应该说：你说的那个专业就业率不高，其实我就喜欢英语专业。请注意，这两句话都是事实。

四、了解对方的真实动机

我们已经多次聊过动机，再举个例子：最近你的女儿学习成绩下降得很厉害，而且会穿一些奇奇怪怪的衣服，满口脏话。你很着急，你或者会骂她，也或者会打她，但是这样做你永远走不进她的内心。其实，你可以通过沟通了解她的动机，比如她是不是在逆反期，是不是看到了某个同学有相同的打扮，是不是学校里有坏孩子欺负她……了解了动机，接下来就知道该怎么做了。

关键对话在人生中一定会经常出现，不要怕，在相遇之前，记得找来这本书看看。

沟通锦囊:

当你和别人发生冲突时:

1. 找到线头在哪儿;
2. 帮对方找到自己的需求;
3. 接纳对方的情绪;
4. 增强好奇心;
5. 打断原则。

实战笔记

沟通锦囊：

如果别人不原谅你怎么办?

正式道歉里"对不起"是免费的，没人会因为一句"对不起"原谅你。
请记住，"对不起"不是结束，只是道歉的开始。

实战笔记

结语：语言的未来

终于到了尾声。

今天的中国，人虽然很多，但人们逐渐开始细分成许多个不同的群体。任何一个话题，你都能听到不同的解答和站队，而这些变化，也都是从语言开始的。就像前一段时间忽然兴起的嘻哈音乐，一些年轻的孩子，忽然很自豪地习惯性地把每句话最后的尾音押韵，后来，这种语言体系遭到了批评，这样的趋势开始下降，但你依旧能看到一些新的文字来自二次元、动漫、网络用语、抖音红词……在这样的情境下，有些词就只在自己的圈子中被使用，还有些词出了圈儿，这就是每年我们都会听到不同的新词的原因，这就是语言的进化。

许多新词甚至影响到了国外，比如 tuhao（土豪）、dama（大妈）等中文网络热词以单词形式被收录进《牛津英语词典》，近年来国际英语的新增词汇中，有将近 20% 来自汉语。这背后可能是文化的交换，也可能是中国经济地位的变化。在最后，我们稍微聊得深一些，看看未来语言的发展会是什么样。

根据1994年史蒂芬·平克的作品《语言本能》的记载，目前，世界上仍有5000多种不同的语言存在。在1963年，语言学家约瑟夫·格林伯格（Joseph Greenberg）对分布于五大洲的相隔遥远的30种语言进行了比对，其中包括塞尔维亚语、意大利语、巴斯克语、芬兰语、斯瓦希里语、柏柏尔语、土耳其语、马萨语、希伯来语、印度语、日语、缅甸语、马来语、毛利语、玛雅语、盖丘亚语（印加语的支脉）等。格林伯格只是想看看这些语言是否拥有一些共同的语法特征。于是他第一次比对的重点是单词和语素的排列次序，结果发现了至少45个共同点。

其实我们也能看到，现在越来越多的语言正在以一种加速融合的方式进行互相替换。

根据语言学家迈克尔·克劳斯（Michael Krauss）的预测，目前有150种北美印第安语濒临消亡，这个数字占到现存北美印第安语的80%。

其他地区的形势也同样严峻：阿拉斯加和北西伯利亚的濒危语言有40种（占现存量的90%），中美洲和南美洲有160种（占现存量的23%），俄罗斯有45种（占现存量的70%），澳大利亚有225种（占现存量的90%），全球大约有3000种（占现存量的50%）。目前只有大约600种语言因为使用人数较多（10万人以上）而显得相对安全，但这也无法保证它们就一定能够存活很久。即便是乐观地估计，也将有3600～5400种语言（占全世界语言的90%）在22

世纪里濒临灭绝。

其实对个体来说,这样的事情也很常见。我是在4岁时离开的新疆,18岁时离开的武汉,显然,许多4岁左右学会的新疆方言已经在脑海中毫无保留,只有看到洋葱时,才会隐约记得,在新疆这个东西叫皮牙子。今年我30岁了,每次回到武汉,想说两句地道家乡话,也发现有了一丝难度,随便讲了两句,身边朋友就会有些尴尬地说,你就说普通话吧。于是,普通话成了我生活的话语主流。倘若每一个我这么长大的人都要被迫接受一种新语言,忘记旧语言,语言的多样性很可能就会越来越少。

那未来,人类会不会只有一种语言了呢?

很早以前,语言学家就已经开始研究语言差异的原因了,后来经过研究,语言学家发现:遗传、变异、隔离才是导致语言差异的三大原因。

随着互联网时代的到来,随着全球一体化,越来越多的语言开始有了相似和相通之处,就好比我们现在说"再见",也会随口说一句"拜拜",有些喜欢日本动漫、日剧的朋友,甚至会开口说一句"sai you na na"。我们也没必要觉得文化被入侵了,就像现在许多美国人见面,也会情不自禁地说"long time no see"。这背后有着复杂的历史、文化、经济的原因。

今年去日本的时候,我买了支翻译笔,令我恐慌的是,这支翻译笔完全代替了翻译。它几乎可以翻译我说出的80%的文字和语句,有时候我就算话很长，它也能随即翻译出来。我猜想，未来语言融合除了各种人为因素，人工智能也会占有一席之地。

但总的来说，人们之间的交流开始越来越紧密，未来是一片大好的。

人类语言已有 400 万年的进化史，但人类的语言是如何迈出第一步的，至今还是个谜。史蒂芬·平克预测：在不远的将来，人类大多数语言都将彻底消失。

这背后肯定是包含大量的语言进化和进步的。

我很期待看到语言进步背后给我们带来的新产物，更期待的是，我们每个人都能看到自己也在这个时代的洪流中。

好吧，这本关于沟通的书，就到这里了。

谢谢你选择这本书，如果你看完这本书对语言稍微有了些兴趣，对我来说就值得了。其实当你读到这儿，也就是你走入这时代的洪流的开始，语言的学习还需要很长的路，在语言面前，我们也只是一个小学生，我想你和我一样，都期待看到未来语言会走向何方。我们一起拭目以待。

再次感谢你，陪我一起度过了一段学习的旅程。希望你能坚持练习，保持好奇才能有所收获。只有一直在学习的人，才会在这时代的洪流里，不被淘汰。

我们江湖再见。